藏在古诗里的中华文明

霓裳风华

华章 —— 编著

济南出版社

图书在版编目（CIP）数据

霓裳风华 / 华章编著. -- 济南：济南出版社，2024.7. --（藏在古诗词里的中华文明）. --ISBN 978-7-5488-6544-5

Ⅰ. TS941.742.2-49

中国国家版本馆 CIP 数据核字第 2024KZ2762 号

藏在古诗词里的中华文明：霓裳风华
CANG ZAI GUSHICI LI DE ZHONGHUA WENMING: NICHANG FENGHUA
华章 编著

出 版 人	谢金岭
责任编辑	张冰心
封面设计	张　倩
绘　　画	付　婉

出版发行	济南出版社
地　　址	山东省济南市二环南路 1 号（250002）
总 编 室	0531-86131715
印　　刷	河北吉祥印务有限公司
版　　次	2024 年 7 月第 1 版
印　　次	2024 年 7 月第 1 次印刷
开　　本	170mm×230mm　16 开
印　　张	12.75
字　　数	129 千字
书　　号	ISBN 978-7-5488-6544-5
定　　价	45.00 元

如有印装质量问题 请与出版社出版部联系调换
电话：0531-86131736

版权所有　盗版必究

古诗词里有乾坤

中国是诗的国度。《诗经》、楚辞、汉乐府、唐诗、宋词、元曲……古诗词是中华民族的文化瑰宝，传承至今仍熠熠生辉，具有旺盛的生命力和时代活力。古代的文人墨客用生花妙笔，记录自然风物、社会风貌、日常生活、内心情感，可以说涵盖中华文化的方方面面，为我们提供了一把解读和感受优秀传统文化的钥匙。

古诗词里藏着丰富多彩的服饰文化。 古人的衣橱是什么样的？是不是也和我们一样，有着各式各样的衣物和配饰？古代的"潮人"穿着什么样的服饰？翻开这套书，你会发现，原来古人在服饰上有那么多讲究！那华美的襦裙、飘逸的宽袍大袖、精致的佩饰和头饰等，都承载着古人对美的追求和对生活的热爱。

古诗词里藏着多种多样的礼节风俗。 我国自古以来就是"礼仪之邦"，礼仪早已深深植根于每个人的心里。从出生到成年，古人要经历多少礼仪？四季轮回，人们要庆祝哪些节日、遵循哪些风俗？翻开这套书，你可以读到有关礼仪、节日、风俗的起源与传说，感受穿越时空的温馨与感动……

古诗词里藏着源远流长的饮食文化。 民以食为天，作为拥有五千多年文明史的泱泱大国，我国有着悠久的饮食文化。一年四季，一日三餐，古人在"吃"上都有哪些讲究？"雕胡饭"是用什么做的？"蕹"是什么蔬菜？"饮子"又是什么饮料？翻开这套书，一起感受古代的人间烟火吧！

古诗词里藏着赏心悦目的传统曲艺。我国古代人民有着多姿多彩的娱乐活动，他们也会像今天的人们一样看戏、听曲，欣赏舞蹈。那么，笛子和箫是如何发展演变的？"高山流水"的故事发生在哪儿？"梨园"是如何与曲艺联系在一起的？诸多音乐、舞蹈、曲艺项目不仅丰富了古人的生活，还为我们留下了宝贵的非物质文化遗产。

古诗词里藏着令人叹为观止的工程建筑。在一首首流传至今的诗篇中，我们不仅能够了解古代社会的风貌，还能感受到古代劳动人民的伟大创造力。他们用非凡的智慧和精湛的技艺建造了一座座令人叹为观止的工程建筑，为世界留下了奇伟瑰丽的文化遗产。

古诗词里藏着雄伟壮观的地理风貌。昆仑山上有《西游记》里所说的神仙吗？趵突泉为什么被称为"天下第一泉"？雷电是怎么形成的？大自然鬼斧神工，在中华大地上造就了万千山河湖海、地形地貌和气候现象。

古诗词里藏着精湛高超的器具工艺。你知道曹植《七步诗》里所写的"豆在釜中泣"的"釜"是什么吗？"江船火独明"中的"船"在当时都有哪些种类？"纸尽意无穷"，纸是怎么做的，又是怎么传播到世界各地的？古时劳动人民在生活里创造了种类繁多的器具，发展出了高超的生产技艺。

《藏在古诗词里的中华文明》丛书共七册，从"霓裳风华""礼节风俗""传统美食""音舞曲艺""工程建筑""地理风貌""器具工艺"等不同的侧面，展现中华文化之美，发掘传统文化之价值，传递中华文明之魅力。希望这套书能为广大读者尤其是青少年读者，提供探索传统文化的一扇窗口，播下传统文化的种子，让中华文明薪火相传。

目 录

一　首　服

01　四直冠儿内样新·冠 /002
02　万国衣冠拜冕旒·冕 /005
03　莫将簪弁胜荷衣·弁 /008
04　窄衫短帽垂杨里·帽 /011
05　孤舟蓑笠翁·笠 /014
06　捋下幞头归去也·幞头 /017
07　羽扇纶巾风袅袅·巾帻 /020

二　上　衣

08　青青子衿，悠悠我心·衿 /025
09　白绢双中衣·中衣 /028
10　小车处士深衣叟·深衣 /032
11　马上单衣寒恻恻·单衣 /035
12　薄罗衫子金泥缝·衫 /038
13　帘外春寒赐锦袍·袍 /041
14　布襻半沾泥水湿·直裰 /044
15　闲披短褐杖山藤·短褐 /047

目 录

16 新帖绣罗襦·襦 /050

17 袄织梅花软入绵·袄 /053

18 冠儿褙子多风韵·褙子 /056

19 银鸾睒光踏半臂·半臂 /059

20 绣裙谩说为行雨·裙 /062

21 狐裘不暖锦衾薄·裘 /065

22 已似王恭披鹤氅·大氅 /068

23 虹裳霞帔步摇冠·霞帔 /071

24 青箬笠，绿蓑衣·蓑衣 /074

25 朝服归来昼锦荣·朝服 /077

26 甲光向日金鳞开·盔甲 /080

27 窄衣短袖蛮锦红·胡服 /083

28 旋织舞衣宫样染·舞衣 /086

三 下 裳

29 云想衣裳花想容·裳 /090

30 香侵蔽膝夜寒轻·蔽膝 /093

31 嫩麹罗裙胜碧草·裙 /096

32 民有裤襦知岁乐·裤 /099

33 纨绔儒冠皆误身·纨绔 /102

34 急装何由穿袴褶·袴褶 /106

目 录

四 足衣

35 弃我如遗舄·舄 /110
36 足下蹑丝履·履 /114
37 杖屦寻春苦未迟·屦 /119
38 应怜屐齿印苍苔·屐 /122
39 桃椎尚欠居士屝·屝 /125
40 绣靴画鼓留花住·靴 /128
41 夜久侵罗袜·袜 /131

五 梳妆

42 晓镜但愁云鬓改·鬓 /135
43 淡扫蛾眉朝至尊·蛾眉 /138
44 八字宫眉捧额黄·额黄 /141
45 花钿委地无人收·花钿 /144
46 泪湿罗衣脂粉满·敷粉 /147
47 背人匀却泪胭脂·胭脂 /150
48 朱唇翠眉映明眸·唇妆 /153
49 十指纤纤玉笋红·染甲 /157

003

目 录

六 配 饰

50 儿女冠笄各缀行・笄 /161

51 浑欲不胜簪・簪 /164

52 玉钗落处无声腻・钗 /167

53 拢鬓步摇青玉碾・步摇 /170

54 红罗抹额坐红鞍・抹额 /173

55 臂销惟觉钏金宽・臂钏 /176

56 绣罗裙上双鸳带・衣带 /179

57 不愿腰间缠锦绦・宫绦 /182

58 自然身挂珠璎珞・璎珞 /185

59 玉佩玎珰风缥缈・玉佩 /188

60 绣屏珠箔绮香囊・香囊 /192

一 首服

古代的首服不仅能起到保暖和装饰的作用，还能彰显身份与地位。在诗词中，文人常借首服之美展现人物的风华与气质。那形式各异的冠、冕、弁、笠、巾帻，或华丽，或精致，或朴素，为诗词增添了无尽的韵味。

01 四直冠儿内样新·冠

鹧鸪天 ［宋］张孝祥

瞻跸门前识个人。柳眉桃脸不胜春。短襟衫子新来棹，**四直冠儿内样新**。　秋色净，晓妆匀。不知何事在风尘。主翁若也怜幽独，带取妖娆上玉宸。

一 首 服

宋代词人张孝祥在《鹧鸪天》中刻画了一个可爱、动人的少女形象，词中为这个少女增色的服饰之一就是"冠"。她穿着样式新颖的短襟衫子，戴着四直冠儿，眉如柳叶，面若桃花。她细细化妆，站在门前期盼着家中长者能可怜她孤独，带她去热热闹闹的地方玩耍，惹人怜爱。

一个人身上所穿着为衣，而头上所戴则为冠。冠也称"元服""首服"。广义上的冠，也就是汉服中的帽子。

冠的款式众多。词人张孝祥所生活的宋代，文化空前繁荣，服饰也飞速发展。正如词中所描述的"四直冠儿内样新"，"内样"指的是宫廷中人们所穿服饰的样式，人们在此基础上进行加工和创作，之后进一步传播到民间。这首词中的"四直冠"具体是什么样子，现在已经无从知晓，词人张孝祥也没有进行详细描述。不过，我们可以想象到的是，这种冠帽在当时一定是花色精巧、样式新潮的，否则也不可能引起少女们热切的追捧。

张孝祥这首词中的冠只有一种，而当时市面上比较流行的冠种类繁多，因为在古代人的心目中，冠代表了地位和成就。

据传在汉代以前，只有贵族才能佩戴有装饰的"冠"，也就是通俗意义上的礼帽；而平民只能佩戴粗布的"巾"，也就是通俗意义上的头巾。到了魏晋时期，巾悄然成为上流社会的新宠，贵族官员开始选择佩戴巾。冠与巾不再代表不同的阶层，冠也因此成了所有帽子的总称。据传在宋代以前，只有男子可以佩冠，女子中只有女道士可以戴冠，女道士因此又称"女冠"。到了宋代，这一情况发生了巨大改变。女子不管是在家中还是在参加一些礼仪活动时，不管是在正式还是非正式的场合，都可以佩冠。比如，婚礼上所戴的"凤冠"、张孝祥词中的"四直冠"等，都是女子所佩之冠。

在宋代，无论是贵族还是平民百姓，都不像过去那样偏爱华丽、复杂的冠帽，而纷纷开始欣赏清雅、素净的冠帽了。而且，宋代的贵族和平民百姓开始喜欢在冠上簪（zān）花。这种习俗慢慢流行，蔚然成风。渐渐地，不仅女子经常这么做，就连许多文人雅士也纷纷开始效仿，并以簪花为风雅之事，可谓风靡一时。张孝祥词中的冠，想必也是素雅的款式，至于有没有簪花，就不得而知了。

宋初期

宋中期

宋晚期

宋代男子官帽样式

02 万国衣冠拜冕旒·冕

和贾至舍人早朝大明宫之作　　［唐］王维

绛帻鸡人报晓筹，尚衣方进翠云裘。
九天阊阖开宫殿，**万国衣冠拜冕旒**。
日色才临仙掌动，香烟欲傍衮龙浮。
朝罢须裁五色诏，佩声归向凤池头。

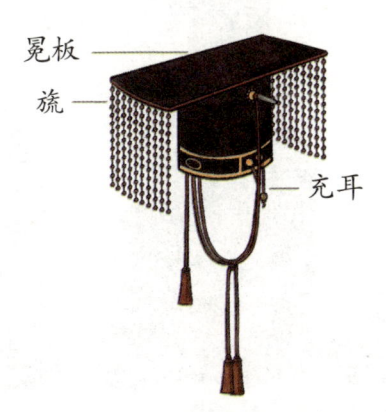

王维在这首诗中详细描画了一幅盛唐之际皇宫早朝的盛大气象图。清晨报晓时，皇帝穿上宫人送来的翠云裘。宫殿齐开，万国来使穿戴着各自的衣冠，向大唐皇帝参拜。其中的"万国衣冠拜冕旒"，展现出皇家的威严和国力的强盛。

不过，在王维生活的时代，"冠冕"经常被连用，冕同冠一样是帽子，只不过冠是帽子的总称，冕则是皇帝、王侯特有的一种礼帽。帝王的冕服是由不同的礼服和与之相配的冕组成的，有大裘冕、衮冕、通天冕等多种，用于不同的场合。

那么王维诗中的"冕旒"又是什么呢？传说，冕的发明者是黄帝。冕是帝王在重大场合佩戴的礼帽，帝王希望在这种场合遮掩自身面容以增加自己的威严与神秘感。而旒就是冕的前后两端垂下来用以遮掩面容的玉串。这种旒冕是最为贵重、最高规格的礼冠，用于登基、祭祀、大朝会等重大的仪式、场合。它经常被用来指代皇帝，王维的这首诗就使用了这样的指代手法。根据记载，在中国

大裘冕　　　　　　衮冕　　　　　　通天冕

一 首 服

古代冠冕制度中，旒的多少是区分身份高低的一大标志。例如，《明史》中记载的礼制规定，皇帝冕为十二旒，太子与亲王的冕旒则较之有所减少。

不仅如此，作为重要的礼仪服饰，冕不仅是身份的象征，还被赋予了种种美好、深邃（suì）的文化内涵和寓意。冕的顶部叫"冕板"。据流传下来的资料，冕板前圆后方，有着天圆地方的意思；而冕板上涂黑漆，是表示庄重之义。垂旒遍布板的前后，是为了表明帝王是非分明。在板的下方设有玉衡，用来连接冠上两边的凹槽。而衡的两端分别有孔，两边都有垂挂丝绳，一直垂到耳旁，并在耳朵后面系一块美玉。这就好像塞住了帝王的耳朵，也就是所谓的"充耳"，表明帝王绝对不会听信谗言，能做到有所闻有所不闻，并由此衍化出了一个成语，那就是"充耳不闻"。

东汉时期，荆州刺史郭贺是一个才华横溢的人。他将自己所在的地方治理得非常好，百姓都很拥护和爱戴他。当时的皇帝是汉明帝刘庄，他听到郭贺的美名，觉得这样的官员才是朝廷需要的，因此特地对郭贺进行了赏赐，赏赐的东西正是一套丞相的官服和一顶旒冕。这之后，每当郭贺出现，他的部下都指着他的旒冕给身边的人看，大家都觉得这是荣耀的象征。由此可见，旒冕有着丰富、深厚的文化内涵。

03 莫将簪弁胜荷衣·弁

酬(chóu)李端校书见赠 ［唐］司空曙(shǔ)

绿槐(huái)垂穗(suì)乳乌飞，忽忆山中独未归。

青镜流年看发变，白云芳草与心违。

乍逢酒客春游惯，久别林僧夜坐稀。

昨日闻君到城阙(què)，莫将簪弁(zān biàn)胜荷衣。

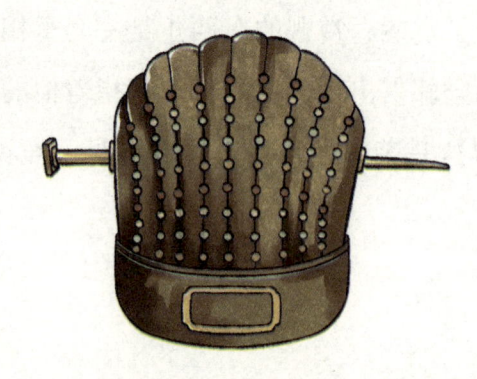

一 首 服

唐代诗人司空曙在这首七言律诗中,表达了自己归隐山林的心愿,委婉劝诫身居官场的友人校书李端莫要贪恋富贵权势。诗人看到春日草木生长、幼鸟啼飞,便想回归山林。诗人在看到镜中自己的白发后,更坚定了这种想法,觉得为官违背本心。他想到这些年经常在世俗中宴游应酬,却远离山林,便劝谏友人不要迷恋官场,尽早归隐。诗中提到的"簪弁"和"荷衣"两种传统服饰,在当时代表着两种不同的人生选择。

古代的"弁"是一种官帽,因此也常常用于指代官员,司空曙这首诗正是运用了这样的手法。一般来说,弁是搭配官服、礼服佩戴的。不同的官员,根据不同的官职和等级,所佩戴的弁又有所不同。比如,文官所佩戴的文弁是用赤黑色的布做的,称为"爵(jué)弁",我们所说的"乌纱帽",实际上就是这种文弁;而武官所佩戴的武弁则是用白鹿皮制作而成的,称为"皮弁",又俗称"大冠",因此古代的武官也被称为"武弁"。司空曙和李端都是文官,诗中的弁自然也就是文官所佩戴的爵弁。

很多时候冠和弁是通用的,这是因为二者都有贵族官员佩戴的官帽、礼帽的意思,在使用时,二者的边界也就自然而然地逐渐模糊、合并了。因此,文冠、武冠和文弁、武弁实际上是一个意思,都是指文武官员的官帽。

根据《后汉书》的记载,在武官所佩戴的武弁中,有一种非常特殊的"鹖(hè)冠"。这种鹖冠是战国时赵国国君赵武灵王为嘉奖武士发明的。鹖冠的外形非常独特,它由苍青色的带子作为绲(gǔn)

边，左右两端插着两根鹖鸟的尾羽作为装饰。所谓鹖鸟，是我国古书上记载的一种珍禽，长着黄黑色的羽毛。它最大的特点是非常勇猛。当鹖鸟的领地遭到侵犯时，它会勇敢地与来犯之敌作战，哪怕战死也绝不后退。

  古人很欣赏鹖鸟的这种特点，认为它具有勇猛耿直、舍生取义的美德，因此将鹖鸟的羽毛作为将士帽子的装饰，激励将士们勇猛杀敌、一往无前。然而鹖鸟作为一种珍禽，它的尾羽得来十分不易，而鹖鸟羽毛制作的鹖冠又有如此寓意，因此古时鹖冠往往只授予"虎贲（bēn）军""羽林军"等宫廷禁卫军，以及最杰出、善战的勇士。

04 窄衫短帽垂杨里·帽

菩萨蛮　　［宋］王安石

数间茅屋闲临水，**窄衫短帽垂杨里**。花是去年红，吹开一夜风。梢梢新月偃(yǎn)，午醉醒来晚。何物最关情，黄鹂三两声。

在这首词中，北宋词人王安石刻画了一个深情款款的人物形象。此人身着窄衫、短帽，在垂杨下、茅屋边回想往事：今年的花无论如何都不如去年的红。而怀着这样惆怅的心情，诗人借酒消愁，一醉便从中午到了月夜。这时，传来的三两声黄鹂的叫声又勾起了诗人的思绪。

说到"帽"，大家一定不陌生。在前文中，我们谈到了"弁""冠"等各式各样的帽子，但追根溯（sù）源，它们还是指某些特定阶层佩戴的帽子。"帽"则不同，"帽"是所有帽子的统称，也叫"头衣"。不管什么样的帽子，只要是头上戴的，无论是保暖的、装饰的还是保护头部的，不管是冠、弁、冕，还是别的样式，都叫作"帽"。从皇室公卿（qīng）到平头百姓，无论是什么阶层、什么身份，都能够按照自己的需要以及制度的规范来佩戴一顶适合自己的帽子。

帽在刚出现的时候，并不是王安石词中所说的可以单独佩戴，而是与冠有着密切的关联。古代贵族官员佩戴的冠是硬质的，由皮革、珠玉、金属等制作而成。为了戴得舒适，他们往往会先在头上套一层软布或纱巾，再将硬质的冠戴上。久而久之，这一层为了佩戴舒适而附加在冠内的布巾就独立出来了，人们开始不再戴冠而单独戴它，帽就出现了。随着人们在大多数场合开始戴帽，原先的冠反而少见了，冠和帽逐渐开始融合，"帽"逐渐成为今天所说的帽子的统称。

中国自古以来就是礼仪之邦，而穿戴合宜自然是礼仪的重要组成部分，因此古人在各种场合都要戴帽。帽不同于衣裳，有时会因

一 首服

为各种原因掉落，在公共场合这是令人感到不安又不可控的。但是，因为下面这件趣事，帽子掉落反而成了文人才子潇洒风度的表现。

东晋时，孟嘉在大司马桓温的军中任职。有一年的重阳节，桓温率领下属官员登山赏菊、饮酒赋诗。在宴会上，众人全部都穿戴整齐。就在众人推杯换盏之际，一阵风忽然吹来，将孟嘉的帽子吹落到地上。酒后的孟嘉对此似乎毫无察觉。桓温看见了，便想戏弄孟嘉一番，于是趁孟嘉离席上厕所的工夫，吩咐人把孟嘉的帽子捡回来，连同他让人写的嘲讽孟嘉的文章一起放到孟嘉的席位上。孟嘉回来一落座就发现了，他非常镇定地把帽子戴了回去，随后取来纸笔写了一篇文章为自己落帽失礼的疏忽辩护。在座的人读了他的文章，都纷纷赞叹。后来，这件事传为美谈，"孟嘉落帽"成了才子名士气度潇洒、才思敏捷的代名词。被风吹落帽子，这在今天看来无足轻重，可当时却需要写一篇文章来为自己辩护，从中可以看出古时候帽子有着多么重要的礼仪内涵。

05 孤舟蓑笠翁·笠

江 雪　［唐］柳宗元

千山鸟飞绝，万径人踪灭。
孤舟蓑(suō)笠(lì)翁，独钓寒江雪。

一 首 服

在这首五言绝句中，唐代诗人柳宗元以清冷、幽僻的山水景物为背景，烘托出渔翁独坐孤舟、垂钓寒江的清高形象。山水之间，漫天大雪，渺（miǎo）无人烟，甚至没有一只飞鸟经过。天地之间一片寂静，只有一个渔翁独坐孤舟在江上垂钓。而渔翁在垂钓时用以遮风挡雪的，正是身上的蓑衣和头上的笠。

笠，也就是我们今天所说的斗笠、笠帽，是一种用竹叶、棕丝等材料编织而成的帽子。时至今日，我们依然可以在各种生活和劳动场景中见到笠的身影。

在前文中，我们介绍了各式各样起源于贵族官员的礼帽，如冠、冕、弁，而笠始终是劳动人民在生活和劳作中使用的帽饰。笠的外形从古至今都没有发生太大变化，都是由竹叶、棕丝编织而成的扁平圆锥形的宽大帽子，外加一根系在下巴上的绑带以避免掉落，有的还有纱巾从边缘垂下来遮脸。为了携带方便，有的笠会在顶端设置一个柄。笠的编织材料如竹叶、棕丝等，在劳动人民的生活中随手可得，编织难度小；而且笠既可以阻挡风雪，也可以遮挡烈日。廉价易得、使用广泛，正是笠受到古今劳动人民一致喜爱的原因。

除了劳动人民，在古代还有一类人也十分喜爱笠，甚至把笠作为自身的文化标志，他们便是归隐山林的隐士。南北朝时期，谢灵运虽然为官，但十分向往山水田园。当时，人们都觉得笠与达官贵人出行时所乘坐的

马车上的曲柄伞盖十分相像，因而也把这种笠叫作"曲柄笠"或"曲笠"。诗人谢灵运就特别喜欢戴着这种曲笠游山玩水。在谢灵运交往的人中，有一位姓孔的隐士。有一次，这位隐士对谢灵运说道："你想跟那些寄情高远、不慕富贵的人一样，那你怎么还戴着这种像达官贵人的伞盖一样的曲笠呢？"谢灵运回答道："恐怕畏惧自己影子的人才会在意影子。"意思是他不慕富贵，所以也不会在意这曲笠像什么。这便是典故"灵运曲笠"的由来。谢灵运对于世俗的看法既不谄媚（chǎn mèi）迎合，也不刻意逃避。这便是时人眼中高远、旷达的隐者气度。

06 捋下幞头归去也·幞头

颂古（其六十一） ［宋］释道颜(shì)

偻㑩(lóu luǒ)须要逞聪明，金榜何曾得挂名。
捋(fú)下幞头归去也，莫骑驴子傍(bàng)人门。

1. 把头发盘成发髻

2. 在髻上加巾子

3. 系两后角于脑后

4. 反系两前角于髻前

在这首七言绝句里，宋代僧人释道颜用当时比较流行的"金榜题名"等现象作比，表达自己对世人要恬淡不争、不要贪恋富贵权势、不要追求官场名利的劝诫（jiè），告诉世人归于宁静的生活也很不错。在这首诗里，"幞头"这种传统服饰，正是官场生涯的一种象征。

幞头，又称"折上巾"或者"软裹（guǒ）"，是一种可以用来包裹、装饰头部的纱罗软巾。这种纱罗经常选用青黑色，因此也被称为"乌纱"。现在众所周知的"乌纱帽"即由此而来。幞头的式样大致是利用两根带子将其固定在脑袋上。这两根带子称为"幞头脚"，有时也称为"垂脚"或"软脚"。后来，带子不断加长，慢慢变得可以打结后作为装饰，这种变化后的式样称为"长脚罗幞头"。

幞头最早出现在汉代，称为"幅巾"，只是一块方形的头巾，其长与宽的布幅是一样的。汉代人喜欢蓄发，但长发在劳动时非常不方便，因此汉代的男子就用一块布帛将头发从前向后裹住，在脑后打结，以便固定住头发。幅巾最初流行于平民阶层内部，之后慢慢发展成幞头。到了东汉时期，幞头已经流行于当时的各个阶层。

唐代虽然出现了各种式样的巾子，但是软裹幞头的裹法基本保持不变：直接将巾帕（pà）进行裁折，留出四个边角，覆（fù）在头上；将两个边角进行对折，在头顶处系住，再将剩下的两个边角绕到脑后，将其打结后自然垂下。

不过，有的时候，人们往往会嫌这种裹法与脑袋不够贴合，所以会选择在系裹前浸湿巾帕，待巾帕晒干后再包裹在头上，这样会更为服帖、精神。据说这种裹法是唐朝中期名将严武创造的。此后，

（一）首　服

又出现过"硬裹"，就是用木料做成一个头箍（gū），再将巾帕包裹在头箍上，使用时只需要往头上一套就行，佩戴非常简单。

到了宋代，幞头的颜色发生了变化，不再仅仅是黑色，而是有了更多颜色。在出席一些比较喜庆的场合的时候，人们会选择一些颜色亮丽的幞头。

幞头在元朝和明朝依然被广泛使用，不过这个时期幞头的样式和形制发生了非常大的变化。但这并不是为了适应百姓的需求，而是为了适应当时统治者的需求。比如明朝流行的乌纱帽，已然成了官场与仕途的象征。唐朝时还曾经出现过一种女巾幞头，是宫内的女官、侍女和贵族女性普遍使用的。

平式幞头

结式幞头

软脚幞头

圆顶直脚幞头

方顶硬壳幞头

07 羽扇纶巾风袅袅·巾帻

临江仙　　［宋］范成大

羽扇纶(guān)巾风袅(niǎo)袅，东厢月到蔷薇。新声谁唤出罗帏(wéi)。龙须将笛绕，雁字入筝飞。　　陶写中年须个里，留连月扇云衣。周郎去后赏音稀。为君持酒听，那肯带春归。

一 首 服

南宋词人范成大在这首《临江仙》中，自比三国时期东吴的周瑜。词人羽扇纶巾，在春月夜里，蔷薇花丛间，和一名女子弹琴吹笛。美妙的音乐就好像龙绕雁飞一样，只是如今知音难觅。春入末尾，人到中年，不禁感慨。

在三国时期，羽扇纶巾是周瑜的象征符号。纶巾是古代儒生常戴的一种巾帻（zé），也是古代男子，不管是贵族、官员还是平民百姓都普遍佩戴的头巾。

在历史发展过程中，巾帻的式样不断演变，种类不断细化。比如范成大在这首词中描述的纶巾，和他所生活的时代的纶巾就有着很大的不同。

巾和帻刚开始指代不同的物品，后来"巾帻"发展为这类物品的统称。

巾一般是指戴在头上，用来遮挡头发的头巾。在魏晋时期，比较流行的是笼巾。到了宋朝，当时的士人开始流行戴方桶形的帽子，也称"东坡巾"。据说这个名字来自《东坡居士集》，书中有一句"父老争看乌角巾"，乌角巾也就是这种方桶形的帽子，东坡巾之名即由此而来。

帻则专指那些能够用来遮盖额头的物品，原是秦国武将拿来围在额部的头巾，形状就如同长帕，所以被称为"帻"。帻的主要组成部分是"颜题"，其特别之处就是两边好似竖立的双耳。到了汉朝，帻在低等官吏中开始流行。据说，汉元帝一直认为自己的额头有壮发，所以就想通过戴帻进行遮掩，之后群臣开始模仿佩戴。帻由此成为当时比较普遍的男子首服。

西汉王莽发量稀少，头顶光秃，史料记载"王莽秃，帻施屋"，他发明了一种直接在帻上覆巾的戴法，让帻高高隆起，就像屋顶似的。不过，虽然巾、帻分别指代不同的物品，但是它们之间的区别并不大，所以后来人们又慢慢将它们混为一谈，合称"巾帻"。

魏晋之后，朝廷的武官开始流行一种官服，这种官服和之前官服的不同之处就在于增加了一种巾帻，也就是"平巾帻"，有时候也称"平上帻"。平巾帻一出现就风靡全国，据说当时就连皇室成员也会在骑马时选择佩戴帻。

当然，巾帻并非只存在于朝廷官场，当时的士子中间也很流行

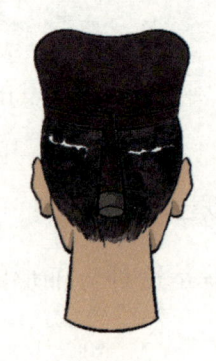

正面　　　　　　背面　　　　　　侧面

平巾帻佩戴展示

一 首 服

佩戴巾帻。除了三国时期的周瑜和诸葛亮,东汉时期有一位名人叫郭太,字林宗,他身长八尺,容貌魁伟,且才华横溢。但他不喜做官,只爱到处游历,受到不少人的追捧和仰慕。据说他在游历过程中,曾经赶上一场大雨,在慌乱躲雨的过程中,他佩戴的巾帻因为遇水和风,有一角折起了。人们看到他这副模样,觉得这是一种潮流,就纷纷开始模仿他,从而发展出了后来比较流行的一种"折角巾",也称为"林宗巾"。

二　上衣

古人的上衣款式多样，有上下一体的深衣，也有轻薄利落的衫；有外穿的袍，也有内搭的中衣……在古诗词中，文人不仅细细地描写了各种上衣的款式和材质，还通过上衣的着装细节，展现古代的社会风貌和当时人们的生活情趣。

08 青青子衿，悠悠我心·衿

诗经·郑风·子衿　　［先秦］佚名

青青子衿(jīn)，悠悠我心。

纵我不往，子宁不嗣(sì)音？

青青子佩，悠悠我思。

纵我不往，子宁不来？

挑兮达兮，在城阙兮。

一日不见，如三月兮！

藏在古诗词里的中华文明
霓裳风华

这首小诗出自《诗经》，借一个女子之口，表达对士子的思慕之情。士子青色的衣领，让女子印象深刻，难以忘记。她不禁感慨：纵然我不找你，你难道不能来找我吗？她在城门楼上行走张望，两个人一天不见就好像隔了三个月。这里的衣领叫"衿（jīn）"，也叫"衽（rèn）"，有时候也写作"襟"，是指古代服装里下连到前襟的衣领。青衿，就是青色的衣领，是周朝学子的服饰。

在这首诗中，诗人将古代的青年学子和衣衿这种服饰紧紧地联系在了一起。自此以后，不止"青衿""子衿""衿士"用来指代青年士子，就连意义更为宽泛的"衿佩""衿裾（jū）""佩衿""衿缨"等词语也常常作为士子的代称。

古代服装的衣领都是交领，也就是上衣前幅的两边一边压着另一边，呈现"Y"形。一开始，衣领的两翼是用衣带系住的，这种衣带也叫"衿带"或者"衿"。随着时代的发展和衣服制作技术的提

上衣（二）

高，衣领的两翼慢慢变成用铜纽扣来连接。比起衣带，这样的连接方式显然更为方便。而衣领两翼连接的样式也有多种，比如在胸腹前连接的叫"对襟"，在腋下连接的叫"大襟"。

衣衿的两翼非常契合，古人因此有了充分的遐想，并赋予衣衿丰富的文化内涵。在中华传统文化中，衣衿常常与夫妻、亲人、密友等十分亲密的关系联系在一起。所谓"衿契"，也就是十分投缘、契合的至交好友的意思。而民间还把同胞姐妹的丈夫之间的关系叫作"连襟"。

另一方面，衣衿处在一个人所穿服饰的正前面。当我们和一个人相对时，首先看见的就是他胸前的衣衿，因此衣衿整齐、干净与否，关系到一个人外在形象的好坏。同时，衣衿之下是一个人的心脏和胸膛，而古人相信这正是一个人思想与灵魂的寓所，所以衣衿也就和一个人的内在修养、才华有着千丝万缕的联系。"襟抱""襟怀""胸襟"等词语，正是由此而来。

在古代，诗人和友人题诗往来，都是为了抒发自身的胸怀、志向。因此，古代文人以诗文唱和、抒怀的行为，也被诗意、风雅地称作"题襟"。在唐代，诗人、志怪小说家段成式辞官退居襄阳时，常常与他的好友——诗人李商隐和温庭筠通信。他们经常在往来的书信中作诗抒怀，从而佳作频出。襄阳紧挨着汉水，因此也被称为"汉上"。三人来往的诗作被收入《汉上题襟集》，一时传为佳话。在之后千百年的时光中，这段佳话一直为文人墨客所赞美和追慕，后世文人也常常将自己和友人的作诗酬唱称为"汉上题襟"。

09 白绢双中衣·中衣

定情诗（节选） ［三国·魏］繁钦

我出东门游，邂逅(xiè hòu)承清尘。

思君即幽房，侍寝执衣巾。

时无桑中契，迫此路侧人。

我既媚君姿，君亦悦我颜。

何以致拳拳？绾(wǎn)臂双金环。

何以道殷勤？约指一双银。

何以致区区？耳中双明珠。

何以致叩叩？香囊系肘后。

(二) 上衣

何以致契阔？绕腕双跳脱。

何以结恩情？美玉缀罗缨。

何以结中心？素缕连双针。

何以结相于？金薄画搔(sāo)头。

何以慰别离？耳后玳瑁(dài mào)钗。

何以答欢欣？纨素三条裙。

何以结悲愁？**白绢双中衣**。

与我期何所？乃期东山隅(yú)。

这首诗讲述了一个女子和一个男子一见钟情的故事，从出门相遇到开始互送信物，点点滴滴，描述得十分详细。两人两情相悦，通过互赠各种各样的衣物，来表达彼此的爱意。在那么多信物中，中衣因为是贴身之物，私密性强，所以诗句"何以结愁悲，白绢双中衣"特别强调了中衣所代表的相思之情。

诗句中的"中衣"，在古代也称"里衣""中单""素衣"。中衣通常用来指代汉服中的衬衣，形制多是窄袖和广袖；白色居多，也有其他颜色，不过都是浅色。中衣一般和朝服、祭服等礼服一起搭配穿着，偶尔也和常服一起穿搭——类似于现在我们所穿的家居服。

和现代人不在公众场合穿家居服一样，古人也认为在公共场合露出中衣不好，甚至有些人认为这是对旁人不尊敬和无礼的表现。《左传·哀公十七年》记载："大子请使良夫。良夫乘衷甸两牡，紫衣狐裘，至，袒（tǎn）裘，不释剑而食。大子使牵以退，数之以三罪而杀之。"这里的"袒裘"意思是在君主面前解开正服、裼（xī）衣、皮裘而露出中衣，是一种违礼之举，是对君主的侮辱。袒裘、

（二）上 衣

紫衣、不释剑而食在当时被称为"三罪"，是面见君王时的大不敬之罪。

因此，中衣的穿着要符合礼仪和制度要求。据说，古人会在自己的父母去世后为他们举办周年祭礼，在这场祭礼中，子女的祭服内必须穿着练过的素布制的中衣。"中练"之说即由此而来，指的是子女为去世周年的父母行祭礼。

10 小车处士深衣叟·深衣

鹧鸪天　　［宋］陆游

杖屦(jù)寻春苦未迟，洛城樱笋正当时。三千界外归初到，五百年前事总知。　　吹玉笛，渡清伊。相逢休问姓名谁。小车处士深衣叟(sǒu)，曾是天津共赋诗。

二　上衣

　　在这首词中,南宋词人陆游写下了自己春游时偶然与故友重逢的经历。在樱桃、竹笋正当令的时节,他在洛阳郊外闲游。正当感慨之时,听见笛声传来,他与一位乘小车、着深衣的故人偶然重逢。他惊喜万分,对此发出感慨。故人重逢,回忆起共同赋诗的往事,就不必再问彼此的姓名了。

　　古时候,人们将上衣和下裳连在一起,做成一件服饰,如同这首词中陆游的老朋友的穿着一样。这种服饰被称为"深衣",起初常被王公贵族当作家居服穿,之后流行于平民当中。关于深衣,最早

曲裾深衣

直裾深衣

朱子深衣

的记载是在三皇五帝时期的虞朝。当时的王有虞氏，常常把衣和裳连在一起包住自己的身体。衣和裳虽然是分别裁剪的，但是会缝在一起。穿着深衣时人的身体能够被全部覆盖，"被体深邃"，所以得名"深衣"。

通俗地说，深衣就是上衣和下裳连在一起，用不同色彩的布料点缀衣服的边缘（即"衣缘"或者"纯"）。其最主要的特点是能够使身体深藏不露，显得雍容典雅。现代有些学者甚至建议将深衣作为汉族文化的代表来推广。

在漫长的历史进程中，深衣不断地被改进。在唐朝，有一个叫马周的人，他对深衣的下端加以改进，加上襕（lán）及裙，将其命名为"襕衫"。襕衫一出现就受到唐代士人的喜爱，他们都开始穿襕衫。在宋朝，设计深衣的专家开始仿照古礼来改变深衣的制式，作为士大夫祭祀冠服的礼服，俗称"袍服"。

在古代封建社会，深衣一直和礼法制度有着密切的关系。汉朝的朝服绛纱袍就是深衣制，许多传统服装，如袍服、禅（dān）衣等，也都是在深衣的基础上发展而来的。

在深衣的制作过程中，需要先分别裁剪出上衣和下裳，再将它们从腰部进行缝合，做成一件整长衣，表示尊祖承古。深衣象征着天人合一、恢宏大度。身穿深衣，能体现天道之圆融，怀抱地道之方正，身合人间之正道，行动进退合权衡规矩，生活起居顺应四时之序。

11 马上单衣寒恻恻·单衣

淡黄柳　　[宋]姜夔(kuí)

客居合肥南城赤阑桥之西，巷陌凄凉，与江左异。唯柳色夹道，依依可怜。因度此阕，以纾客怀。

空城晓角，吹入垂杨陌。**马上单衣寒恻恻(cè)**。看尽鹅黄嫩绿，都是江南旧相识。　　正岑寂，明朝又寒食。强携酒、小桥宅。怕梨花落尽成秋色。燕燕飞来，问春何在，唯有池塘自碧。

这首词是南宋词人姜夔客居合肥期间所作。合肥景色凄凉、清冷，与故乡江南截然不同，唯有道旁柳色与故乡相似，给予词人一些慰藉。空旷的城池中传来寂寥的号角声，此时正是寒食时节，瑟瑟寒风吹过，而词人在马上只着单衣，更觉孤寂、惆怅。异域他乡，满目凄凉，一旦梨花落尽，就更没有一点春色了，只剩下碧绿的池塘和飞来的燕子。

　　词人身上所穿的单衣，也被称为"单衫""襌衣"等，是深衣的一种，指只有一层衣料的衣服，通常用一些比较薄的棉布或丝绸制作而成。古代王公贵族在夏季日常生活中喜爱穿着单层的罩衣。"襌"就是衣服不重、没有里子的意思。

　　单衣的衣襟掩藏在腋下，用带条系住，穿着时可在腰部的中间部分束上革带。因为王公贵族常常在洗浴后等家居环境中身着宽大的单衣，因此单衣也被称作"浴衣"。在制作工艺上，单衣不分上下，浑然一体，因而也叫"通裁"。

二　上　衣

从上面的图片可以看出，单衣兼具礼仪性和舒适性，既可以在一些正式场合穿着，也可以充当工作中的便服，还可以作为家居服，具有广泛的适用性。我们也可以从中看出古人对单衣的喜爱。

湖南长沙马王堆汉墓曾出土一件轻薄、透明的素纱单衣，长128厘米，袖长190厘米，仅重49克；如果除去衣领和袖上较厚重的缘边，仅重25克左右。据计算，这种衣料每平方米仅重12—13克，真是薄如蝉翼、轻若烟雾！这件素纱单衣堪称我国纺织史上的杰作。据说，有人把这件单衣反复折叠成十层，放在报纸上，还能透过衣料看清报纸上的文字。

至于这件单衣的穿着方式，也引发了人们的讨论。大多数学者认为，单衣的主人可能会把它作为一件"外搭"，穿在锦绣衣服的外面，制造出一种华贵的观感。可见那时的古人，就已经有追求"时尚"的意识了。

12 薄罗衫子金泥缝·衫

阳台梦　　[五代]李存勖(xù)

薄罗衫子金泥缝,困纤腰怯铢(zhū)衣重。笑迎移步小兰丛,䯼(duǒ)金翘玉凤。　娇多情脉脉,羞把同心捻弄。楚天云雨却相和,又入阳台梦。

二　上衣

　　后唐是五代时期的政权，而李存勖正是后唐的开国皇帝。但他不像其他一些帝王一样野心勃勃，而是更喜欢诗词歌赋。在这首词里，词人刻画了一个娇俏可人、含情脉脉的少女形象。这名少女身上披着衫子，在兰花丛中奔跑玩笑。薄薄的衫子显出她腰肢纤细的清丽风姿，而头上戴的金钗、玉凤又为她增添了几分华丽。

　　诗中的"薄罗衫子"，就是丝制的轻薄短衫，是古代女子常用的内搭与家居服饰。罗衫最早被称为"衫"，通常是指一种无袖的单衣，也叫"半衣"，是人们在春秋季节所穿上衣的一种，多为女子之服，男子也有穿的，但不多。

　　古代的"衫"和其他服饰差不多，是按照阶层的尊卑进行划分的，一般分为两种：一种是"中单"，出现在夏商周时期，是朝廷选用的，秦末改名为"汗衫"；另一种是"布衫"，是平民用的粗布短衣。

　　"衫"也分内穿和外穿，外穿的叫"褙（bèi）子""半臂"。褙子是指有里子的对襟外衣，主要用来遮挡风尘；半臂又叫"半袖"，袖长到胳膊肘，衣身很短。半臂从隋代开始流行，到了宋代时袖子延长，之后成了内穿的衫，即贴身穿的汗衫，一般有大襟和对襟两种形式。

在古代，男子所穿的衫阶层分化明显，比如青衫就由一些地位比较低的官员穿着。"江州司马青衫湿"，唐朝诗人白居易曾被贬为江州司马。在一个秋天的夜晚，他送客到湓（pén）浦口码头，听到江面上传来悦耳的琵琶声，就将琵琶女叫来询问，得知她从小在长安跟随名师学艺，因年老色衰而不得已嫁给一个商人。联想到自身境遇，白居易不禁伤心地泪流满面，进而挥毫写下千古名篇《琵琶行》。

和其他服饰一样，衫也承载着文化礼仪的功能。比如在《宋史·舆服志》中就有记载："凉衫。其制如紫衫，亦曰白衫。乾道初，礼部侍郎王曮（yǎn）奏：'窃见近日士大夫皆服凉衫，甚非美观，而以交际、居官、临民，纯素可憎，有似凶服……'于是禁服白衫。"宋代官员王曮在奏折中指出：当时的许多士大夫都穿着白衫交际、办公，而不是制度规定的紫衫，看起来就像丧服一样，令人十分不悦。这封奏折引起了皇帝的重视，因此皇帝下令禁止官员再穿白衫。

13 帘外春寒赐锦袍·袍

春宫曲　　［唐］王昌龄

昨夜风开露井桃，未央前殿月轮高。

平阳歌舞新承宠，**帘外春寒赐锦袍**。

明代龙袍

在这首七言绝句中，唐代诗人王昌龄描写了盛唐宫廷内的场景：春风吹开井边桃花，未央宫前月轮高挂，宫女因为歌舞而受到嘉奖，初春时节受赐锦袍御寒。锦袍，就是用织锦制成的袍子。

袍，在古代是指一种不分上衣和下裳，直腰身、过膝的中式外衣，通常有衬里，是我国非常重要的一种传统服饰，男女皆可穿着。

在古代，每个阶层穿着的袍都有固定的规制。比如龙袍是皇帝专用的，因绣有龙纹而熠熠生辉，又称"龙衮""黄袍"，主要特点是盘领、右衽、黄色。此外，龙袍还是古代帝王所穿的龙章礼服的统称。唐朝武德年间，唐高祖李渊就曾下令，臣民不得僭越，不能穿黄色的袍服。黄色的袍服从此成为皇室专用之服，经历代沿袭而成为制度。

宋代官袍

(二) 上 衣

官袍是文武官员当作公服、朝服的袍。这种袍服，通过选用一定的颜色或图案来表明不同的官位、等级。明朝洪武年间，关于官服，出现了区别文武官员的补子制度，也称"补服"。亲贵大臣的袍服，大多是按照品级进行区分的。而民间日常生活中所穿着的袍，因为制作工艺简单、穿用十分方便，所以慢慢地取代深衣，成为人们普遍穿着的服饰。

在古代，锦袍不仅美观、实用，还是一个人文化才能的象征，因此受到文人和士大夫的青睐。传说有一次，女皇武则天到洛阳去游览南龙门，宋之问、东方虬（qiú）等几位大臣作为随从一同前去。武则天命令各位大臣每人写一首诗，谁写得好就赐予他锦袍一件。东方虬第一个把诗写好了，武则天看了之后就把锦袍赐予东方虬。过了一会儿，宋之问也写好了，将诗呈给武则天。武则天一看，赞叹不已，便从东方虬手中拿回刚才所赐的锦袍，重新赐予宋之问。这便是典故"夺锦袍"的由来。

不仅如此，"诗仙"李白曾被人称作"锦袍仙"。当时，李白被唐玄宗"赐金还山"，到了金陵一带，终日沉醉于游山玩水。恰好李白的友人、御史崔宗之也被贬到金陵，于是两人常常有诗酒往来。有一次，两人月夜乘舟游玩，从采石矶一路到金陵，李白在舟上穿着唐玄宗赏赐的宫锦袍，谈笑之间狂傲不羁、旁若无人。此后，出于对李白惊世才华与飘逸风姿的追慕和赞赏，世人就用"锦袍仙"指称李白。

14 布裰半沾泥水湿·直裰

山居诗　　［元］清珙

一天红日晓东南，自拔青苗插瘦田。
布裰(duō)半沾泥水湿，归来脱晒竹房前。

（二）上衣

这首《山居诗》描绘了一幅诗人山居隐逸生活的田园画卷。诗人清晨在田间插秧，衣服被泥水打湿了，回去后便脱下在竹房前晾晒。从诗句来看，诗人对这种恬淡、自食其力的生活是十分享受的，连插秧时身上穿的布褐被泥水沾湿了也不以为意。

布褐就是粗布制成的直裰。直裰是深受古人喜爱的过膝长衣，因其背之中缝直通到下面，故名"直裰"。直裰一般使用素布制作，交领、对襟、大袖，衣缘四周镶有黑边，最初多用作僧人和道士之服。

冯翼之衣

直裰在唐朝就出现了，但在当时没有流行开来。直到宋朝，直裰才开始出现在平民的生活中。在宋代赵彦卫的《云麓漫钞》中就有记载："古之中衣，即今僧寺行者直裰。"宋朝郭若虚曾在《图画见闻志·论衣冠异制》中写道："晋处士冯翼，衣布大袖，周缘以皂，下加襕，前系二长带，隋唐朝野服之，谓之冯翼之衣，今呼为直裰。"苏辙所作《答孔平仲惠蕉布二绝》曰："更得双蕉缝直裰，都人浑作道人看。"从苏辙的诗句中可知，当时的文人也有穿直裰的，只是在世人眼中，这种服装仍为僧侣之服。

直裰一般加上内摆就叫"道袍"，加上外摆就叫"直身"。在明朝前期，"直裰""直身""道袍"三者很多时候都是被混为一谈的。到了明朝后期，三者开始指代不同的衣服款式。三者最大的区别在于两侧开衩处的摆："直身"的摆在外面两侧，特别突出；"道袍"的摆在里面，而且是缝在后襟上的；"直裰"没有摆，从开衩处直接能看到里面的衣服或裤子，类似于戏曲服装里面褶子的样式。直裰比较受和尚、尼姑、小厮和仆人等的喜爱，因为直裰穿在身上方便活动。和前两者相比，直裰没有那么华丽和宽大。

15 闲披短褐杖山藤·短褐

短 褐 ［唐］郑谷

hè

闲披短褐杖山藤，头不是僧心是僧。

坐睡觉来清夜半，芭蕉影动道场灯。

藏在古诗词里的中华文明
霓裳风华

在唐朝末年，有一个名叫郑谷的诗人。他曾在午夜时分感慨万千，于是挥笔写下了自己当时的感受。他跟僧人一样穿着短褐，用着藤手杖。因而他自觉虽然不是僧人，但心里和僧人一样清静。午夜醒来，清幽的屋子仿佛是他打坐的道场，而窗外芭蕉的影子摇摇晃晃遮掩油灯，又增添了静中有动的意趣。

诗的开头说"闲披短褐"，这里的"短褐"是指一种上衣下裤的粗布麻衣，是传统汉服的一种，又称"竖褐""裋褐"。为了方便下地劳作，上衣的长度一般在臀部和膝盖之间。短褐多为古代底层男子所穿着。有时候，这些人甚至连粗布短褐都穿不上或穿不全，因此后来人们用"短褐不全"来形容生活贫苦。

礼服类汉服袖长，在"过手六寸"至"反屈至肘"之间；而短褐的袖长在手腕和指尖之间。短褐比一般的长袖汉服更方便行动，因此在清朝被应用到戏曲艺术里面，作为一些武生的着装，称作"短打"。

传说东晋时有一位博学之士，名叫王猛。他隐居在华山脚下，希望能遇见一位真正值得追随的英雄，等待出仕的时机。当东晋朝廷的大司马桓温率领大军征讨到这里时，王猛前去拜见了他。在桓温面前，王猛不拘小节、豪迈自若，穿着简陋的短褐，旁若无人地捉身上的虱子。然而当他谈论起当时的局势时，语言流畅、触类旁通、思维严谨，可谓惊艳四座。

与桓温交谈时，王猛对答如流。桓温十分欣赏王猛的才华，评价道："江南的士子没有一个比得上你。"随后，桓温便要赏赐车马

(二) 上 衣

给王猛，并授予他高官，希望王猛能追随自己。但王猛拒绝了。

后来王猛追随前秦国主苻坚，担任丞相。两人就像刘备与诸葛亮一样。这便是"王猛扪（mén）虱"或"扪虱而谈"的典故，常用来形容不拘小节、不计较世俗眼光的旷达态度。

身穿明制短褐的人

16 新帖绣罗襦·襦

菩萨蛮　　［唐］温庭筠

小山重叠金明灭，鬓(bìn)云欲度香腮雪。懒起画蛾眉，弄妆梳洗迟。照花前后镜，花面交相映。新帖绣罗襦(rú)，双双金鹧鸪。

上襦

下裙

披帛

（二）上衣

"新帖绣罗襦，双双金鹧鸪"，温庭筠一定不会想到，他的这句词竟会成为汉服"襦裙"的一张"名片"。画屏上层层叠叠的小山丘时明时暗，乌黑的鬓发掠过她的脸庞如同雪地上青云飘过。她懒得起床，无心去描弯弯的眉，迟了好久才起身梳理晨妆。镜中，簪花和人面交相辉映。她身穿崭新的绫（líng）罗短衣，上面金线绣成的鹧鸪成双成对，似欲飞动。

这里的"襦裙"，就是上身穿一件叫"襦"的长袖短上衣，下身穿一条飘逸的长裙。这样不但穿脱方便，还能随心搭配样式，所以在很长一段时间里，汉族女子都喜欢这么穿。

初唐　　　　盛唐　　　　晚唐

唐代的襦裙，袖子越来越宽，裙摆越来越长

词中这位女子所穿的襦裙，"上襦"是用又轻又薄、价格昂贵的"罗"制成的。这种衣料清凉透气，夏天穿着肯定特别舒服。

她穿的"襦"上，还有用金线绣的一对对鹧鸪鸟。这时候的纺织工艺已经非常发达，想要做到这一点并不难。巧手的工匠不但能织出各种各样的绫罗绸缎，还能染出丰富的色彩，再绣上精美的图案，把襦裙制作得色彩缤纷、花样繁多。

温庭筠没有详细描写襦裙的样式，但我们不难想象，那应该是唐代最流行的"齐胸襦裙"——上襦的领口开得很低，被称为"袒领"，肩上披着一条长长的"披帛（bó）"；裙腰被提到胸口的位置，裙摆长长的，一直拖到地上。

盛唐以后，人们特别喜欢这种宽大、拖地的裙摆，认为这样显得高贵大方、雍容华贵。

但是这样做衣服，会浪费不少布料。唐文宗知道后，曾下令："女子的裙宽不能超过五幅，裙长拖地不能超过三寸，上襦的袖子不能超过一尺五寸。"可是这道诏令一下，人们纷纷抱怨，还有不少人给唐文宗提意见。唐文宗没办法，只好取消了诏令。

17 袄织梅花软入绵·袄

时贤有爵高名重而不自由者，再念闲居之可乐，为赋长句

[宋] 张镃(zī)

多幸因愚得养恬，林扃(jiōng)风变陡寒天。

杯传蕉叶温成酒，**袄织梅花软入绵**。

经室炉添羊胫(jìng)炭，道床屏护鹧斑烟。

遥思病叟头如雪，冒冷遐(xiá)征想自怜。

在这首诗里，南宋诗人张镃描写了自己在寒冷的冬日闲居家中的情景。诗人感慨还好因为自己愚笨，才能获准退休颐养天年，在这寒冬里穿着梅花棉袄、温酒、烧炭，过着清闲的生活。想到那些积劳成疾的老叟，他不禁感到庆幸。在枯寒萧索、风雪漫天的冬季，御寒保暖必不可少的衣物，自然就是厚实、软和的袄。

袄通常是指有衬里的中式上衣。基本制式有一面一里两层的夹袄，有在两层中间加絮料的"棉袄"，也有以鞣（róu）制的动物皮制作的"皮袄"。按照衣服的长短则分为长袄和短袄，也称"大袄"和"小袄"——两者最主要的区别在于衣服下摆是到膝盖还是到臀部，到膝盖的是长袄，到臀部的是短袄。

袄在南北朝正式出现。史料记载，南朝宋统治时期有"布衫袄"，北齐统治时期有"合袴（kù）袄子"。自此之后，袄成为人们的常用服装。隋朝，袄发展出武官制服"缺胯袄子"；唐朝，袄传入日本；宋朝，袄又发展出"对襟袄"，也就是"旋袄"；清朝末年，袄已经有了基本的形制：立领、连肩袖、右大襟、开衩摆。

从 20 世纪初开始，男袄以对襟式为主要形制；女袄则开始采用右大襟、偏襟、琵琶襟、对襟、左大襟和背开襟等形制，而且领、袖、衣摆也出现很多变化。在那个年代，比较讲究的袄，开始采用

（二）上衣

丝绸面料，用传统的装饰工艺进行制作，形成了富有东方风格的民族服装。民国时期，女服进一步向展现女性形体美的方向发展。流行了四五百年的长袄被淘汰了，代之以短袄，也就是我们在很多民国题材的电视剧中常见的女短袄。

女短袄的圆下摆所呈现出的视觉美感，激发了人们的想象力和创造热情。在基本形制之上，后续出现了袄的种种"变体"。在襟边、袖口、下摆上缀饰排穗、珠坠，是当时最流行的装饰手法。此外，有人将襟边、袖口边、下摆边裁成一个个半圆花瓣形相连的样式，看上去犹如孔雀开屏；或者将袖口、下摆都制成由细褶相叠形成的喇叭形的荷叶边。这样华丽又雅致的女服一经出现，就在社会上流行开来，甚至出现在舞台艺术中。在当时的京剧舞台上，青衣、老旦依旧固守着明清女服的样式，而一些花旦角色在保留清代风格头饰的同时，大胆采用了民国时期新出现的女服。

如荀慧生在《元宵谜》《埋香幻》中均饰演古代女性，在前剧中穿着孔雀尾屏式的短袄，在后剧中则穿着下摆、袖口制成百褶荷叶边的短袄。短小而华丽的新式女袄，显然更能突出花旦的俏丽、聪慧、活泼。民国时期新式女服的冲击力，由此可见一斑。

此外，古代还有一种非常特别的"纸袄"，也就是纸质的袄。这种纸袄常常为道士、隐士或生活贫苦的人所穿着。

18 冠儿褙子多风韵·褙子

[中吕]喜春来·四节（节选）

[元]佚名

冠儿褙(bèi)子多风韵，包髻团衫也不村，画堂歌管两般春。伊自忖，为烟月做夫人？

(二) 上 衣

在这首元曲里，作者刻画了一个对意中人极度思念的女子形象。这名女子穿的褙子、冠帽、发髻、团衫无不精致美丽，却得不到意中人的欣赏，只能与烟月相伴，不由得感到哀愁。这名女子身上穿的就是褙子，看上去十分精致。

褙子是我国传统服饰的一种，也称为"背子""绰子"，始于隋朝。

从宋朝开始，褙子的领型主要分为三种：直领对襟式、斜领交襟式和盘领交襟式。其中，直领式的比较多，主要是女性穿着。而斜领和盘领二式的褙子，多为男子穿在公服里面的衣物。宋朝的褙子通常是直领对襟的式样，在两腋开叉，衣裾短的到腰部上下，衣裾长的会过膝。宋朝女子大多选择以褙子内穿抹胸进行穿搭。在宋朝，上至皇后、贵妃，下至百姓均喜欢穿褙子，尤其是女性。宋孝宗乾道年间，褙子被定为后妃常服。当时制作褙子的面料主要有罗、绉（zhòu）纱、绫等，其中以罗为多。用罗制成的褙子有若隐若现的肌理效果。

明朝的褙子则主要有两种：宽袖褙子和窄袖褙子。宽袖褙子在衣襟上用花边进行装饰，而且要保证领子一直通到下摆处；窄袖褙子则主要在袖口、领口处用花边进行装饰，领子的花边只需要到胸部即可。袖型主要分为三种：长袖、短袖和无袖。男子的褙子有长有短，领型有直领和交叉；女子的褙子都采用长袖，衣长过膝，腋下开叉，直领对襟。

褙子是宋朝最具代表性的服装。女子将其视为常服以及次于大礼服的一种常礼服，四季皆穿。用作内穿，与大袖搭配；用作外穿，

则体现女性身姿。褙子的色彩明亮、纹样简约而不失精致，材质充分考虑季节变化。褙子整体采用不张扬的设计，在衣身的细节上加以装点，同时又注重突显女子的风韵。它含蓄、内敛又精致、奢华的美学特征，以及适用广泛的特点，符合宋朝女子的审美趣味与生活需求。

19 银鸾睒光踏半臂·半臂

唐儿歌　　[唐]李贺

头玉硗(qiāo)硗眉刷翠，杜郎生得真男子。

骨重神寒天庙器，一双瞳人剪秋水。

竹马梢梢摇绿尾，银鸾睒(shǎn)光踏半臂。

东家娇娘求对值，浓笑书空作唐字。

眼大心雄知所以，莫忘作歌人姓李。

藏在古诗词里的中华文明
霓裳风华

项圈
半臂

　　唐代诗人李贺在《唐儿歌》中描写了一个可爱的男孩形象。"唐儿",即唐朝宰相杜黄裳之子,小名叫"唐儿"。他骨相贵重,天庭饱满,眼神飞扬。这个男孩不但长相机灵,性格也十分活泼。他骑着竹马玩耍,脖子上戴着一个项圈,上面垂下一枚亮闪闪的鸾鸟形银坠子。坠子伴随着他的动作在"半臂"上摆动,仿佛小鸟正在快乐地蹦跳。这名男孩不同凡响,连邻家小女孩都来想跟他认识,他却只在空中写画"唐"字,表达自己报效大唐的志向。诗人面对这样的少年才俊,不禁称赞,希望他别忘了如今夸赞他的李姓诗人。

　　说到这里,你可能会问:"半臂"到底是什么?是"半条胳臂"的意思吗?当然不是。半臂其实是我国古代的一种服饰,样子很像今天的短袖上衣,有套头的样式,也有在胸前系带的对襟样式。

　　半臂穿起来很方便,也不影响平时的活动。可是有很长一段时间,人们都只把它当成家居服,要是出门办事或者见客人就不能穿了,因为觉得半臂不够庄重。

　　不过到了唐代,半臂竟摇身一变,成了"时尚界的宠儿"。初唐时,襦裙还比较贴身,上襦的袖子比较窄小,这时就可以在外面套上一

(二) 上 衣

件半臂，不但更美观，还有御寒保暖的效果，别提多实用了。

那时候，贵族和平民百姓都爱穿半臂，就连宫廷女官都把它当成"工作服"，很多男子也开始模仿。李贺去朋友家做客，就看到小男孩穿了一件半臂，可见它有多么流行。

据说唐玄宗李隆基在当上皇帝以前，过了一段非常贫穷的日子。有一年他要过生日，却连一顿汤饼都吃不起。他的岳父只好脱下身上穿的半臂，换来一些面粉，才让李隆基过了个没有遗憾的生日。

不过到了盛唐时，襦裙变得越来越宽大，再套一件半臂会显得很累赘，因此人们就很少再穿它了。但时尚爱好者们也没有完全抛弃半臂，他们把半臂的袖子改得越来越短，最后发展成了没有袖子的"比甲""马甲"……直到现在，马甲仍然是人们非常喜欢的一种服装款式。

唐代半臂　　　　元代比甲　　　　现代马甲

半臂的变化

20 绣幰谩说为行雨·幰

满江红　[宋]丘崈

楚甸云收,歌舞地、依然江渚(zhǔ)。嗟(jiē)往事、豪华无限,梦回何许。翠被那知思玉度,**绣幰(màn)谩说为行雨**。悄不禁、俯仰一凄凉,成千古。　　吴蜀会,襟喉处。据胜势,开天府。著诗书元帅,笑变尊俎(zǔ)。步障月明翻鼓吹,华榱(cuī)雾湿披窗户。把胜游、都与旧风光,湔(jiān)尘土。

（二）上 衣

在这首《满江红》里，南宋词人丘崈对着眼前楚国故地的江山云雨，抒发了吊古伤今的无限感慨。当年公子王孙身上奢侈、豪华的翠被、绣褂，如今都只能出现在诗人的遗梦之中了。词中的"绣褂"，就是彩绣的褂子。

褂子是指一种中式的单上衣，或者罩在上身衣物外面的长衣。褂子通常分为大褂和小褂：大褂指的就是那种衣长超过膝盖的单衣，而小褂则指的是上半身贴身穿的上衣。褂子发展到清代，成为一种被统治阶层认定的礼服外服。加在袍外面的礼服，通常被称为"外褂"。长褂又称"长衫""中式长衫"等，据说是根据明朝士大夫常穿的道袍改变而来的。主要的改变是把肥大的道袍改得窄瘦一些，大领或者交领则改成小领或者圆领。而短的褂子则称为"马褂"。

马褂是一种穿在袍服外面的短衣，衣长到肚脐，而袖仅仅能够遮住胳膊肘。据说马褂是因为穿着方便骑马而得名，也称为"短褂"或"马墩子"，在清朝和民国时期较为盛行。清朝初期，马褂通常是

女式马褂　　　　　　清朝黄马褂

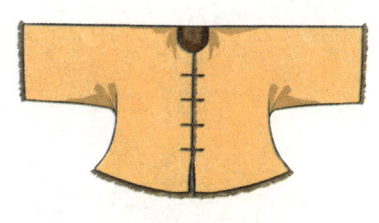

八旗士兵才能穿的；到了康熙皇帝时期，富贵之家也可以穿着。随着时间的推移，马褂逐渐发展出单、夹等形制和纱、皮、棉等材质，主要是作为男式便衣存在，不管是士子还是平民都可穿着马褂。后来，马褂逐渐演变成一种礼仪性的服装，不论身份，大家都可以将马褂套在长袍外面，主要是为了彰显一个人文雅、大方的气质。

新中国成立后，马褂逐步被摒弃，后经改良又以"唐装"的形式重新回到人们的视野中。马褂的基本样式主要有四种：对襟马褂、大襟马褂、琵琶襟马褂和翻毛皮马褂。

穿马褂时，有一种颜色不能随便用，那就是黄色。黄马褂在清朝服饰中的地位相当特殊，因为它是由皇帝赏赐的。被赏赐黄马褂是至高的荣誉，意味着皇帝对被赏赐之人高度认可，所以黄马褂象征着无上的荣耀和一种特权。

21 狐裘不暖锦衾薄·裘

白雪歌送武判官归京　　［唐］岑参

北风卷地白草折，胡天八月即飞雪。

忽如一夜春风来，千树万树梨花开。

散入珠帘湿罗幕，狐裘不暖锦衾(qīn)薄。

将军角弓不得控，都护铁衣冷难着。

瀚海阑(lán)干百丈冰，愁云惨淡万里凝。

中军置酒饮归客，胡琴琵琶与羌笛。

纷纷暮雪下辕门，风掣(chè)红旗冻不翻。

轮台东门送君去，去时雪满天山路。

山回路转不见君，雪上空留马行处。

在这首诗中，盛唐诗人岑参描写了边塞寒冬大雪时奇幻、瑰丽的景象。北方边疆关塞在八月就已风雪横飞，一夜过后，雪挂在树上好像梨花开放。风雪散入帐中，寒冷彻骨，即使身着狐裘也感觉不到半分暖意。即便是孔武的将军也难以正常使用冰冷的弓箭。

狐裘，就是用狐狸的皮毛制作而成的裘衣。裘衣也称"皮衣"，是古人的御寒衣物。裘服的历史十分悠久，早在夏商乃至上古之时就已有之。对于尚未掌握棉花种植技术的先民而言，狩猎得到的各种动物的毛皮是制作冬季御寒衣物的最佳选择。在周朝，天子祭祀的礼服中，最高的规制就是大裘，也就是大裘衣。据史料记载，大裘衣的制作材料是黑色羊羔皮。之所以用黑色的羊羔皮，是因为大裘衣要与天子冕服中同为黑色的玄衣进行搭配。在裘衣的类别中，狐裘是最为昂贵的，尤其是狐白裘。狐白裘少见而贵重，是天子、诸侯、卿、大夫才能穿用的。狐青裘、虎裘、貉（háo）裘，也都属于高档的裘衣；而中档的裘衣是用狼、犬、羊等动物的皮毛做成的。

周朝之后，裘服被纳入贵族礼制规范的体系，越发追求精致。但久居山野之中的渔夫、樵夫、猎人等劳动人民，甚至是隐士，因为可以自行狩猎获取皮毛，制作裘衣，将裘衣作为冬季的御寒衣物，所以裘衣在平民生活中被传承下来了，从未断绝。

(二) 上 衣

春秋时,吴国有一个被称作"披裘公"的隐士。有一次,正值五月,吴国国君的哥哥季子在路上遇到他,恰好路上有一块别人遗落的金子。季子看见披裘公穿着裘衣背柴火,就跟他说:"喂,你去把那些金子捡起来。"没想到披裘公气得放下柴火大骂道:"你这样高高在上的达官贵人,怎么眼界却这么窄?我大热天披着裘衣背柴火,难道是捡地上遗落的金子的人吗?"季子大惊,对披裘公行礼,求问他的姓名,披裘公却说:"你是个皮相之士,哪里值得我说出姓名?"

此外,春秋时期的荣启期、东汉的严光等隐士都在史料中留下了爱穿裘衣的记载。不同于当时皇室公卿对狐裘、羔裘的喜爱,隐士往往更青睐山林中易得且同样保暖的鹿裘,以至于冬天御寒的鹿裘和夏天穿着的短褐一起成了古代隐士的一张名片,甚至成为隐士高人的代称。

裘衣发展到宋朝,皮毛开始内藏,不再显露在外面。一个比较典型的代表就是功裘,功裘有点类似于我们现在看到的皮衣,一般都是君主赏赐给臣子的。

鹿裘

22 已似王恭披鹤氅·大氅

望 雪　　［唐］王初

银花珠树晓来看，宿醉初醒一倍寒。
已似王恭披鹤氅（chǎng），凭栏仍是玉栏干。

二　上　衣

在这首七言绝句里，唐代诗人王初描写了一个冰天雪地、银装素裹的美丽世界。诗人宿醉醒来，发现外面一片冰天雪地。他形容积雪覆盖在万物之上就像王恭披着鹤氅，只是栏杆上依然光洁。这个比喻十分新奇而贴切，写出了雪景纯净、清冷的美感。

诗中所谓的"鹤氅"，起初指的是用鹤鸟的羽毛制成的大氅。在这里，诗人运用了《世说新语》里"王恭鹤氅"的典故。这个典故是说，东晋名士王恭在京口居住期间，有一次在小雪的天气里，坐着高高的车马、披着鹤氅出门。当时还未发迹但后来成为一代名臣的孟昶（chǎng），恰巧在篱笆间看到了这一幕，不禁赞叹道："此真神仙中人！"从这个典故里，大氅这种传统服饰的出尘气质也可见一斑。

大氅是我国传统服饰之一，其主要特点是对襟大袖、整体宽大，且在前面有系带，不过只能当作男子的常服来穿着。古代武将的盔甲多是皮革类的，一般都经不住日晒雨淋，所以武将穿戴盔甲后，外面需要套上战袍、大氅之类的宽大袍服来进行保护。很多武将也会在盔甲上面再加上斗篷，这种斗篷和现在装饰用的斗篷不同。当时的武将穿着斗篷并不是为了美观，而是因为行军打仗的过程中没有房屋可住，也不是走到哪里都能搭帐篷，很多时候只能露宿，斗篷又大又厚，一裹就可以当作被褥，方便露宿。

鹤氅也叫"神仙道士衣"，或者叫"仙氅""雪氅"，又被美称为"湘云鹤氅"。"鹤氅"二字，最早出现于《晋书·谢万传》："著白纶巾，鹤氅裘。"

许多魏晋南北朝的士人喜欢玄学，喜好美丽、奢华的衣服。他们吃了五石散后，头上开始冒气，五内如焚，需要不停地走动才能散出内热，这个时候如果能披上一件宽大的鹤氅，不但有助于散热，还显得风姿潇洒，因此鹤氅在当时颇受士人的喜爱。

到了明朝，鹤氅和披风的形制已经很接近了。二者的区别是，鹤氅缘边更多，领子也更加贴合。鹤氅的袖子特别宽大，和道袍非常相像，人披在身上就像一只鹤。这种特殊的袖子，也被称为"鹤袖"。明朝时，鹤氅已经出现了其他材质的，不全是鸟羽做的了。

23 虹裳霞帔步摇冠·霞帔

霓裳羽衣歌（节选） 和微之
[唐]白居易

我昔元和侍宪皇，曾陪内宴宴昭阳。

千歌百舞不可数，就中最爱霓裳舞。

舞时寒食春风天，玉钩栏下香案前。

案前舞者颜如玉，不著人家俗衣服。

虹裳霞帔(pèi)步摇冠，钿璎(diàn yīng)累累佩珊珊。

娉(pīng)婷似不任罗绮，顾听乐悬行复止。

藏在古诗词里的中华文明
霓裳风华

正面

背面

明代霞帔样式

　　在这首诗里，诗人白居易为友人元稹描写了皇宫中宴会歌舞的盛大场面。诗人通篇用丰富的修辞来描写乐舞。时值唐宪宗元和年间，国力中兴，而宫中的歌舞自然也华丽富贵，呈现出一派盛世气象。不仅舞者的舞姿震撼人心，其身上的舞服也十分不凡。在舞者所穿的种种华丽服饰中，霞帔自是不可或缺的一种。舞者穿着彩虹、朝霞一样的霞帔，随着音乐翩翩舞动，飘逸出尘，充满律动之美。

　　霞帔，也称"霞披""披帛"。霞帔始于南北朝时期的帔，隋唐时期窄而长的帔演变成披帛，逐步成为披在两臂之间的一种飘带。后来因为帔看起来美如彩霞，因此被形象地称为"霞帔"。白居易在诗中描写的霞帔，为宫中舞者表演时所穿。舞者舞动时，身上的霞帔随着舞姿而转动、飞舞，更是如同红霞飞天一般。

　　两宋时期，霞帔不再限于舞者所穿，而成为贵妇常礼服的一部分，但并非人人可配。这时候的霞帔形似两条彩带，绕过头颅，披挂于胸前，下垂一颗金玉坠子。

072

(二) 上 衣

明朝时，霞帔是命妇礼服。关于霞帔如何穿戴，当时的朝廷有严格的规定。后妃和百官的妻子都可以披挂霞帔，但是只有后妃可以用朱色、金绣纹。清朝时，霞帔一般为诰命夫人专用的服饰，作用相当于男子的官服。

而在明清两朝，民间女子只有在作为正室结婚时才可以穿凤冠霞帔，俗称"借服"。这一风俗一直延续到民国时期。但是庶民女子用的是"借用"的概念，并不是真正的霞帔。皇室女子、命妇的霞帔与民间的霞帔不是同一个物品。也就是说，皇后、嫔妃、命妇的礼服霞帔，是真正意义上的霞帔；民间的霞帔是民间婚礼中新娘穿的吉服，只是借皇后、命妇礼服的吉利名头，与真正的霞帔在款式上相差甚远。

清代穿着凤冠霞帔的命妇

明朝的霞帔，按照穿戴者的品级高低，依次有四种纹饰：翟（dí）纹、孔雀纹、鸳鸯纹、练鹊纹。这些图案与官员的官服上飞禽走兽的图案有着相同的功能，一方面表明穿戴者的品级，另一方面也象征着朝廷官员、命妇应该具有的美好德行。

比如，翟鸟，即长尾雉鸡，古人认为它仁、义、礼、智、信"五德"皆备，这也是对当时女子的最高要求；再比如，古人认为鸳鸯是贞烈之鸟，这是当时对女子德行的规训。

24 青箬笠，绿蓑衣·蓑衣

渔歌子　　[唐]张志和

西塞山边白鹭飞，桃花流水鳜(guì)鱼肥。

青箬笠，绿蓑衣，斜风细雨不须归。

(二) 上 衣

在这首诗中，诗人张志和描绘了一幅山清水秀、烟雨蒙蒙的美好画卷。西塞山前白鹭飞翔，流水上飘着桃花，河里生长着肥美的鳜鱼。微风细雨的天气正是垂钓的好时候，诗人化身渔夫，将一条条肥美、鲜活的鳜鱼钓上来，此时一件遮风挡雨的蓑衣自是不可缺少的。

蓑衣，指的是一种用草编织成的、厚厚的、像衣服一样能穿在身上用来遮雨的雨具。也有用棕叶制作的蓑衣，称为"棕衣"。

蓑衣一般制成上衣与下裙两部分，和头上的斗笠配合使用，穿在身上用来遮雨。与伞盖一类的雨具相比，蓑衣不仅避雨效果好，而且穿上后可以空出双手，方便劳作。不仅农民喜欢穿，渔夫在雨雪天垂钓也常披——就像张志和在这首《渔歌子》中所描写的那样。

明清时期，雨季出行时人们大多都带着蓑衣。明代徐光启在《农政全书》中记载了当时流行的一句谚语："上风皇，下风隘，无蓑衣，莫出外。"蓑衣的制作一般是就地取材。我国南方多用稻草、蓑草，也有用棕毛、棕叶者；北方多用茅草（龙须草），也有用蒲草者。张志和垂钓所在的西塞山，在今天的湖北，所以他使用的蓑衣，应该是用稻草、蓑草制作而成的。

此外，人们会用杂草、乱麻等更加便宜、易得的材料编制一种简陋、粗糙的蓑衣，给牛、马等牲畜披盖以御寒，这种特殊的蓑衣叫作"牛衣"或"龙具"。古时候，极其贫寒的家庭也常常不得不用牛衣来取暖。

传说，汉朝的王章在出仕为官之前，家境十分贫寒，即便是生了大病也只能卧在牛衣中。他自料必死，哭泣着与妻子诀别。妻子怒斥他道："京师那些尊贵的人谁能比得上你呢？现在你得病了，不想着积极上进，反而哭哭啼啼的，像什么话！"这便是典故"牛衣对泣""牛衣夜哭"的由来。人们将牛衣称为"龙具"，也有激励贫寒的学子好学上进，以求一朝鲤鱼跃龙门的意思。这个故事不仅有励志的意义，也可以体现出蓑衣在古代有多强的实用性。

在古代，人们认为蓑衣和斗笠合并使用，立于田间，可以驱赶破坏农作物的鸟兽；挂于墙上，可以镇邪驱晦；用蓑衣包裹木炭，放置在井底，除了能杀菌、过滤外，还能镇住"邪气"。在客家习俗里，倘若谁家造新房子，一定会用蓑衣来包裹正厅中间的正梁。客家人认为，用蓑衣包裹正梁，家运会龙跃腾达。在这种情形下，蓑衣就不仅是用以遮风避雨的物品，还是一种民俗用品。

25 朝服归来昼锦荣·朝服

赠致仕滕庶子先辈 _{时及第人中最老}

［唐］刘禹锡

朝服归来昼锦荣，登科记上更无兄。
寿觞(shāng)每使曾孙献，胜境长携众妓行。
矍铄(jué shuò)据鞍时骋(chěng)健，殷勤把酒尚多情。
凌寒却向山阴去，衣绣郎君雪里行。

藏在古诗词里的中华文明
霓裳风华

在这首诗中，中唐诗人刘禹锡向从官场功成身退的前辈表达了美好的祝愿。前辈滕庶子致仕后，衣锦还乡，每日清闲自在地和儿孙等家人在一起游山玩水、颐养天年。他老而弥坚，冒着风雪向山中纵马而去。致仕，就是官员退休的意思，而朝服正是滕庶子官员身份的象征。

朝服，又称"具服"，是古时候君臣百官的议政之服，也是古代人在大祀、庆成、正旦、冬至、圣节及颁诏开读、进表、传制等重大典礼时使用的礼服，其基本样式是衣裳制。朝服也被受汉文化影响的国家所广泛采用，比如日本、朝鲜、越南，均制定了朝服制度。

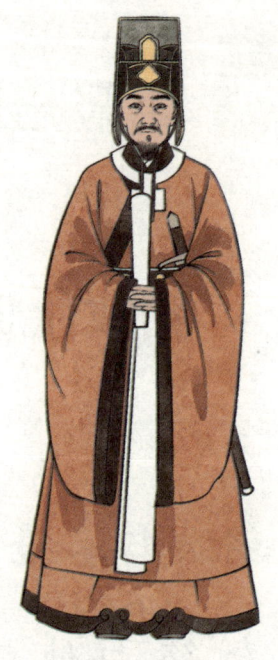

宋代朝服

随着历史的发展，朝服经历了多次演变。皮弁服是最早的朝服。先秦时期，以皮弁、玄端为朝服。皮弁服多采用细白布制成，衣、裳分制，下裳也用白色。穿着这种衣服时，为了配套，也戴白色的冠帽：其制为尖顶，造型像两只手掌相合，名叫"弁"。制作弁的材料通常是白色鹿皮，所以又称"皮弁"。而春秋战国时期的卿士朝会之服，大多用黑色布帛制作，其形端庄、方正，因而称"玄端"。与玄端配套的首服是"委貌"，这是和皮弁造型相似的一种冠饰，只是不用鹿皮，而是用黑色绢布制作。

西汉君臣朝会之服沿用黑色，只在领、袖部分加上绛边。曾

(二) 上 衣

经因为替妻子画眉而名噪天下的汉京兆尹张敞说过："敞备皂衣二十余年，尝同罪人赎矣，未闻盗贼起也。"他所说的"皂衣"，就是指朝服。

东汉时汉明帝制定的朱衣朝服成为后世典范，即进贤冠、绛纱袍，以罗为之，这种朝服制度一直沿用至明朝。像滕庶子、刘禹锡这样的文官，上朝时穿戴的就是这样的进贤冠、绛纱袍。滕庶子所担任的庶子这个官职，为四品官员，穿着的朝服为深绯色。

宋代延续了汉朝、隋唐时期的朝服，上身用朱衣，下身系朱裳，即穿绯色罗袍裙，衬以白花罗中单，佩戴方心曲领，束以大带，再以革带系绯罗蔽膝，挂以玉剑、玉佩、锦绶，着白绫袜、黑色皮履。

明清时的朝服叫"补服"。补服，又称"补褂""外褂"，从明朝开始出现，到清朝灭亡时退出历史舞台。补服前后各缀有一块"补子"，用以区别官职：用飞禽代表文官，如一品文官用仙鹤补；用猛兽代表武官，如一品武官用麒麟补。

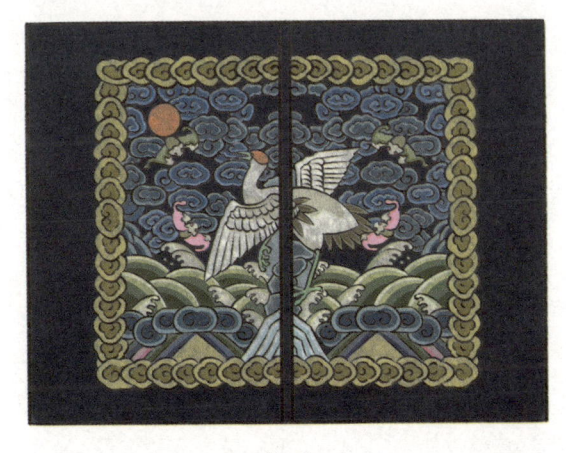

补子

26 甲光向日金鳞开·盔甲

雁门太守行　　［唐］李贺

黑云压城城欲摧，甲光向日金鳞开。

角声满天秋色里，塞上燕脂凝夜紫。

半卷红旗临易水，霜重鼓寒声不起。

报君黄金台上意，提携玉龙为君死。

（二）上　衣

中唐诗人李贺在这首诗中描写了军威浩荡、喊杀震天的战斗场面，将士无不为国奋勇冲杀。对于古代将士而言，无论是防护自身还是震慑敌人，盔甲都是必不可少的装备。

盔甲，指的是古时候将士穿在身上的防护装具，亦称"铠甲"。在历史上，铠甲的形式不断发展，用料越来越高级，样式越来越复杂，制作工艺也越来越精湛，防护力也有了相应的提升。铠甲起源于原始社会。当时以藤、木、皮革等原料制造的简陋的护体用具，就是历史上最早的铠甲。先秦时期，铠甲主要用皮革制造，称"甲""介""函"等。战国后期，出现了用铁制造的"铠"，皮质的仍称"甲"；唐宋以后，不分质料，都可以称"甲"，也可以称"铠"，或连称"铠甲"。

到了汉朝，铁铠逐渐取代了皮甲。随着钢铁加工技术的提高，铠甲的精坚程度日益提高，防护身躯的范围逐渐扩大，功能日益完备。同时，铠甲的样式也越来越多样，锁子甲、札甲、板甲等各式各样的铠甲开始出现。工匠还将各种不同的铠甲组合在一起，扬长避短。

古代的铠甲中，南北朝和隋唐时期的"明光铠"，以及宋朝的"步人甲"很有代表性。"明光铠"一词的来源，据说与胸前和背后的圆护有关。这种圆护大多以铜、铁等金属材料制成，并且打磨得极

明光铠

其光亮,颇似镜子。明光铠在太阳光的照射下,会反射出耀眼的明光,明光铠因此得名。李贺这首诗中的"甲光向日金鳞开",描写的正是这样的情景。

宋朝的铠甲是中国历史上较重的铠甲之一。根据《武经总要》记载,北宋"步人甲"的铁质甲叶用皮条或甲钉连缀而成,是典型的札甲。宋军步兵用的铠甲比骑兵用的铠甲尺寸大,几乎能护住全身。步人甲由 1825 枚甲叶组成,一般重量达 58 宋斤(约合 34.8 千克),同时还可通过增加甲叶数量来提高防护力,但重量会进一步增加。为此,皇帝下令,规定步兵铠甲以 58 宋斤为限。铠甲的重量与防护力是直接相关的,因此宋代铠甲的防护力在历史上已属登峰造极。

27 窄衣短袖蛮锦红·胡服

后魏时相州人作李波小妹歌疑其未备因补之

［唐］韩偓(wò)

李波小妹字雍(yōng)容,窄衣短袖蛮锦红。

未解有情梦梁殿,何曾自媚妒吴宫。

难教牵引知酒味,因令怅望成春慵(yōng)。

海棠花下秋千畔,背人撩鬓(bìn)道匆匆。

在这首七言律诗中，唐末诗人韩偓刻画了一个美丽动人的女子形象。这位"李波小妹"穿着红色胡服，英姿飒爽，不娇不妒。她在海棠花下的秋千旁边匆匆一撩鬓发，令人难以忘怀。诗中女子所穿的窄衣短袖的红色胡服为她的风姿增色万千。

这首诗里提到的"窄衣短袖"，就是当时西方和北方各少数民族所穿服装，也就是胡服，与当时中原地区宽衣博带的汉族服饰有很大不同。后来，胡服亦泛指汉族以外的民族服装。胡服一般包括贴身短衣、长裤和革靴，衣身紧窄。

胡服最初用于军中，后来传入民间，成为一种普遍的装束。为了对抗北方游牧族群的侵扰，公元前307年，赵武灵王颁胡服令，推行胡服骑射。与当时中原地区宽松的服装有较大差异，胡服裤子紧窄，腰束郭洛带，用带钩，便于骑射活动。为了给全军做表率，赵武灵王带头穿起胡服，并要求身边的将军、大夫、王子、官吏全部穿着。当时赵武灵王提倡的胡服，主要有窄袖短衣和合裆长裤——窄袖短衣便于射箭，合裆长裤便于骑马。

唐代回鹘(hú)胡服

(二) 上 衣

唐朝开元、天宝年间，女子流行穿胡服骑马。在陕西等地的墓中壁画里，经常出现穿翻领、对襟、窄袖胡服的人物形象。韩偓在这首诗里描写的"李波小妹"，从姓氏上来看应该是汉族人，或者至少是高度接受汉族文化的少数民族女性，她穿着当时流行的窄衣短袖的艳红色胡服。

赵武灵王改革，是汉族引进胡服的开始，当时引进胡服是出于军事目的。到了唐代，像李波小妹这样的民间男女穿胡服，就是单纯出于美观、时髦了。

到了宋明时期，皇帝颁布法令禁止胡服和胡俗，复兴汉服和汉文化。据史书记载，两宋时期，朝廷曾多次下令禁止民间效仿胡俗、穿着胡衣。

唐代女性穿的窄袖胡服

28 旋织舞衣宫样染·舞衣

玉楼春　　［宋］晏殊

红绡(xiāo)学舞腰肢软，**旋织舞衣宫样染**。织成云外雁行斜，染作江南春水浅。露桃宫里随歌管，一曲霓裳红日晚。归来双袖酒成痕，小字香笺(jiān)无意展。

二 上 衣

在这首《玉楼春》里，北宋词人晏殊描述了一个在春日学舞的女子的形象。要学习舞蹈，将自己曼妙的舞姿展现得淋漓尽致，舞衣自然是不可或缺的。这名少女所穿的舞衣，是当时最流行的宫廷样式。舞衣上的图案有云外飞翔的一行斜雁，染出的颜色如同江南春水一般碧浅。在歌舞殿里，她伴随着歌声和音乐翩翩起舞。一场《霓裳羽衣曲》歌舞结束，早已是红日西沉。归来后，溅落在双袖上的酒都凝成了污渍。疲惫中，她已没有心思再去展开写着小字的香笺了。

古时候的舞衣是我国服饰宝库里的一颗明珠。无论是早期与巫术联系在一起的娱神乐舞，还是后来从巫术中分离出来娱人的乐舞，舞服在同时代的服饰中都属精品。就像晏殊这首词中的舞衣，不仅织法高明，而且还用了宫中流行的图案和样式。

古代的舞衣一般都是长袖、束腰，给人以轻柔、飘逸的感觉。到了战国末年，舞衣长袖已成为时尚，当然，这是指观赏性的女乐。在此之前的周朝，用于庙堂之上的不管是文舞还是武舞，舞者都是男性，手中需持有干、戚、羽等舞器，舞衣若是长袖就会非常不方便。

唐代的舞蹈有文、武之分。武舞又称"健舞"，文舞则称"软舞"。两种风格截然不同，前者威武激越，后

者飘然若仙。胡舞大多属于前者,健舞中最出名的便是"胡旋舞",而传统的汉族舞蹈则基本属于后者。两种舞蹈的不同,决定了两种舞蹈服饰的不同。健舞的舞服以小袖为多,以便腾越旋转;而软舞的服装则多用大袖,以表现婉丽、舒展的姿态。左侧这个舞女陶俑的服装就是软舞的服装。

长袖舞服在宋代文物中仍陆续可见,但数量相对减少,并且舞袖在舞台上开始变得黯淡,不再像周朝、汉朝时那么出彩。五代时期和宋朝舞衣上的舞袖延伸出去的部分,大约只有小臂那么长。在晏殊的这首《玉楼春》中,舞女所穿的就是这种舞衣。发展到后来,这种舞袖就成了传统戏曲中的水袖。

古时候,袖身称"袂(mèi)",袖端称"袪(qū)",袂和袪合起来称"袖"。舞衫无袖端,所以才能见腕动如玉。敦煌壁画中的唐代舞伎,普遍不用长袖,甚至有的舞女上身几乎半露,只是以璎珞点缀,但她们手中都执有飘舞的绸带。

由此可知,我国古代传统舞衣之优美、轻柔、飘逸是一脉相承的,舞之似乎可凌云飞去。若没有舞衣的烘托,单凭舞蹈技艺,是很难达到这个境界的。

三 下裳

下裳是古代服饰的重要组成部分，无论是裙的飘逸还是裤的便利，都为文人墨客所津津乐道。我们从古诗词中读到的下裳，犹如一座穿越时光的桥梁，将我们带入那遥远的时代。

29 云想衣裳花想容·裳

清平调词三首（其一） ［唐］李白

云想衣裳花想容，春风拂槛露华浓。

若非群玉山头见，会向瑶台月下逢。

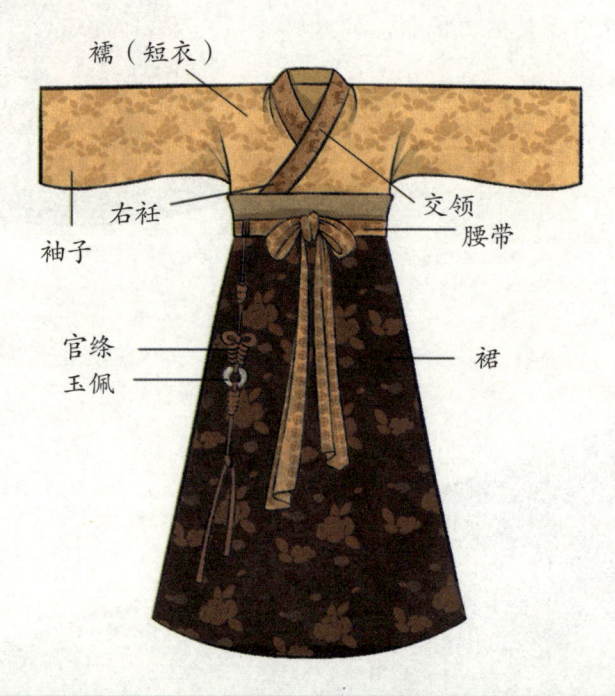

襦（短衣）
右衽
交领
袖子
腰带
宫绦
玉佩
裙

（三）下　裳

在这首七言绝句诗作里，盛唐诗人李白把杨贵妃的容貌描写得风华绝代，令人遐想万千。想见到这样的仙子，要么在仙山上，要么在天上的瑶台。杨贵妃如同仙子下凡一样的风姿，也要依靠她所穿的衣裳增色和衬托。

诗中杨贵妃的"衣裳"，由上衣和裙裳两部分组成。上衣下裳是我国传统服装最初的形制。先秦时期，上衣下裳制开始流行。到了汉朝，从上衣下裳制中慢慢演化出上襦下裙制和上衣下裤制，之后更是演变出深衣制和袍衫制。

上衣下裳普及范围广，不仅不限制男女，而且也跨越阶层的界限，受到不同阶层喜爱。按照上衣下裳制，既能做出烦琐、贵重的礼服以服务王公贵族，也能制作简单的日常服装来服务广大劳动人民。传说，上衣下裳制是由中华民族的"人文初祖"黄帝发明的。黄帝用上衣象征上天，用下裳象征大地，以此来取代原始粗陋的兽皮衣服。在古代，不论男女，大家都用裳这种衣物来遮蔽下体。

春秋战国时期的上衣下裳

裳基本分为两种制式：帷裳和裳。帷裳和裳的主要区别在于，前者是古代朝祭的服装，用一整块布制成，而后者是由几块布拼接而成的。帷裳通常选用一整块类似于长方形的布，人们将其直接系在腰上。这种帷裳，制作起来基本上不需要缝合，类似于我们现在见到的围裙。二者的区别在于，围裙只遮挡前面，而帷裳可以包裹住整个下半身。春秋战国时期的裳，按规定需用七块布缝合而成。在李白这首词中，杨玉环所穿的裳，必然是第二种裳，也就是裙裳。

像杨玉环所穿的这种裳，实际上与裙已经区别不大了。不过，一开始裳和裙指的并不是同一种服饰。汉朝之前就有了裳，但没有裙。"裙"这个字在汉朝才出现。所以，需要注意的是，裳和裙虽然很相似，但在汉朝之前不能混为一谈，不然就贻（yí）笑大方了。

30 香侵蔽膝夜寒轻·蔽膝

闻　雨　　［唐］韩偓

　　香侵蔽膝夜寒轻，闻雨伤春梦不成。

　　罗帐四垂红烛背，玉钗敲著枕函声。

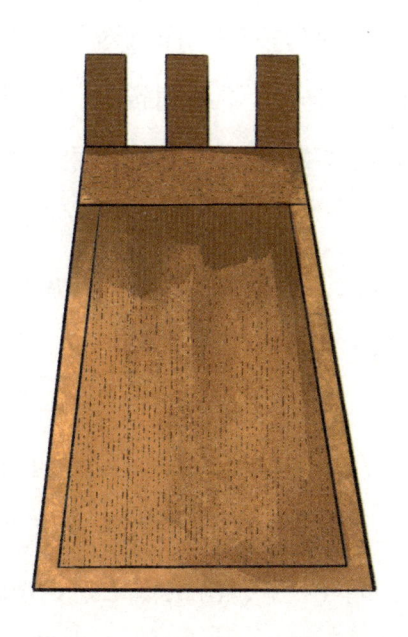

在这首七言绝句《闻雨》里，唐末诗人韩偓用细腻的笔触，刻画了一位多情女子的形象。在一个早春的清寒雨夜，对爱人的思念、窗外的雨声，让她心烦意乱，难以入眠。罗帐旁昏暗的红烛和玉钗碰撞枕头的声音，让她显得孤寂。在这样一个凄清、冰冷的雨夜，只有身上穿着的蔽膝能帮她暂时驱散些许寒意，让她好过一些。

蔽膝，也叫"跪襜（chān）"。江淮地区的人称之为"棉"，关东地区的人称之为"蔽膝"。蔽膝相当于我们现在穿衣服时围在下衣前面的一种装饰，通常用来保护膝盖，同时也能御寒——就像韩偓诗中所写的那样。

蔽膝主要由锦和皮革等制作而成，多为女性穿着。古时候的蔽膝有些像我们今天所使用的围裙。它们之间的区别在于：围裙的下摆比较宽；蔽膝的下摆则窄一些，而且对于长度的要求比较高，一定要够长，也不像围裙那样需要系到腰上，而是拴到大带上，还要与帷裳的下摆齐平。蔽膝主要是起装饰作用，而不像围裙还有保护衣服的作用。

《乐府诗集》记载了这样一个故事。在南朝时期，有一个年轻的书生，他游历时经过华山。当时天快黑了，他就到山脚下的一家客栈休息。在客栈里，他见到了一个非常漂亮的年轻姑娘，并对她一见钟情。但他羞于启齿，导致相思成疾，回家后就病倒了。书生的母亲十分焦急，找了大夫来看病。大夫说这是心病，需要知道病因。书生的母亲只好询问书生，书生将见到姑娘的事情告诉了母亲。

为了自己的儿子，书生的母亲立刻出发前往华山。在山脚下找

(三) 下裳

到那个姑娘之后，书生的母亲急忙将事情的原委告诉了她。姑娘听完，并没有说什么，只是解下自己的蔽膝递给书生的母亲，然后说，回去后只需将蔽膝放到书生睡塌的席子底下就能让书生好起来。

书生的母亲急忙赶回家中，照着姑娘的话去做，书生的病果然慢慢地好了起来。等到书生大好后，他无意间整理床铺，发现了蔽膝并将它紧紧地抱住，心情激动之下竟然将蔽膝吞了下去。书生窒息了，临死前，他对母亲说："拉着我的遗体去华山。"书生的母亲含着泪点了点头。

到了姑娘家后，拉着书生棺木的牛车竟然不走了，怎么都不动。姑娘出门看到后，说了句"稍等片刻"，便回屋梳洗打扮，然后盛装而出。她抚着书生的棺木唱道："你为我而死，我岂能独活，为我打开棺木吧！"棺木竟然应声而开，姑娘立刻跳了进去，棺木又应声而合。这一幕惊呆了姑娘的家人，但是他们无法打开棺木，只好将两人合葬。合葬之地被称为"神女冢"。

从这个故事也可以看出，蔽膝在各个时期都十分流行。无论是故事中的姑娘，还是韩偓这首《闻雨》的女主人公，都穿着蔽膝。

31 嫩麴罗裙胜碧草·裙

蝶恋花　　［宋］晏几道

碾玉钗头双凤小。倒晕工夫，画得宫眉巧。嫩麴(qū)罗裙胜碧草。鸳鸯绣字春衫好。　　三月露桃芳意早。细看花枝，人面争多少。水调声长歌未了。掌中杯尽东池晓。

三 下裳

北宋词人晏几道在这首词里，描写了一幅自然风光与佳人风姿相互交融、映衬的动人春景，令人不禁心驰神往。春天，女子身上的罗裙和碧草交融，煞是好看。而"裙"这种服饰，自古至今都堪称女性展示仪容、风姿的一大"利器"。可以说，如果没有各式各样的裙，女性的形体美或许就不能全然展现。

裙子的历史十分久远。汉朝以来，裙子的品种、图案都得到极大发展，女性对于裙子的选择越来越多。西汉的时候，社会上开始盛行一种褶皱多而复杂的"留仙裙"。到晋朝时，社会上又开始流行绛红纱复裙和丹碧纱纹双裙等。盛唐时期，女子多习惯于穿红色裙子，白居易的《琵琶行》中曾有诗句"血色罗裙翻酒污"。

从宋朝开始，一直到元朝后期，社会上比较流行一些素雅的浅色裙子。可以想象，在晏几道的这首词里，这位女主人公所穿的罗裙，应该是当时流行的素净的款式。所谓罗裙就是丝质的裙子，不仅穿着舒适、透气，而且外形飘逸、美观，受到广大女子的喜爱。罗裙不仅出现在晏几道的词中，也是其他文人墨客笔下的"常客"。到了明朝，裙的主流样式才演变为百褶长裙。而到了清朝，裙子的种类越来越繁多，曹雪芹在《红楼梦》中提到的有大红洋

石榴裙

民国时期的马面裙

绉（zhòu）银鼠皮裙、葱黄绫子棉裙和翡翠撒花洋绉裙等。

在古代，由于多采用上衣下裳的服饰制度，所以裙装十分流行，并不只限于女性穿着。据说，书法史上有这样一则趣事，常被用来表达文人之间相互赏识、喜爱的感情。东晋著名书法家王献之有一个叫羊欣的外甥。羊欣十二岁时，他的父亲羊不疑在一个县做县令，王献之任太守，是羊不疑的"顶头上司"。王献之很赏识羊欣。盛夏的一天，王献之来到这个县里巡查，休息时就住在县衙里。羊欣穿着新绢裙在花厅午睡，被王献之看见了。他一时有感而发，就在羊欣的裙子上大笔一挥，写了几幅字。羊欣醒来之后欣喜若狂，他原本就擅长书法，自此之后更是功力大涨。这则趣事也反映出，在魏晋时期，裙装在士大夫阶层的男性群体中也十分流行。

32 民有裤襦知岁乐·裤

初夏闲居　　［宋］陆游

煮酒青梅次第尝，啼莺乳燕占年光。

蚕收户户缫丝白，麦熟村村捣麦香。

民有裤_{rú}襦知岁乐，亭无桴_{fú}鼓喜时康。

未尝一事横胸次，但曲吾肱_{gōng}梦自长。

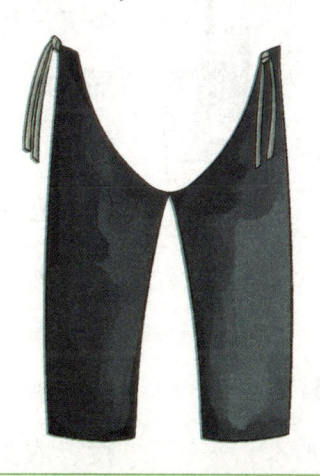

藏在古诗词里的中华文明
霓裳风华

在南宋诗人陆游的这首七言律诗中，诗人展示了一幅自然风光秀丽、人民生活安逸的田园画卷。正是丰收时节，村中祥和安逸，处处蚕丝洁白、麦子清香。诗人对此感到欣慰，弯起胳膊进入梦乡。古代劳动人民对生活最朴素的期盼，无非是吃饱穿暖而已。而要穿得舒适，自然要上有衣而下有裤。裤子是劳动人民日常生活中最常见的下装，由一个裤腰、一个裤裆和两条裤腿组成。

传说，在西周时期，人们就开始穿裤子了。到春秋时期，不论男女，都穿裤子。这时候的裤子，穿着时能覆盖膝盖以下的部分小腿，又称"胫（jìng）衣"。当时的裤子和现在的裤子最大的区别是，当时的裤子只有两只裤管，没有腰和裆。所以，人们在计算裤子的数量时，与鞋袜一样，以"双"为单位。

古时候的裤子，分为"袴"（kù）和"裈"（kūn）两种。裈，就是古代的内裤、短裤。我们今天的短裤和内裤有三角的和平角的，古代也是如此。古代的三角短裤叫作"犊鼻裈"，因为它看起来就像小牛鼻子一样。而古代的四角短裤则是齐膝的款式，看起来就像今天的沙滩裤。在古代，裈一般是仆役、农夫等劳动人民外穿的，

北宋穿短裤挑水的人

三 下 裳

在天气炎热时，他们往往只穿着裈而半裸上身劳作。陆游诗中所说的"裤"，大概就是这种裈。

而'"袴"指的是古时候人们的外穿裤。早期的袴是外穿的开裆裤，后来，这种开裆的袴与加长款的四角裈的界限逐渐模糊。古时候的开裆裤很少单独穿着，通常加于有裆的裈之外组合穿着，这就好比我们今天要在裤子里面穿内裤一样。袴的主要作用是保暖，一般比较厚实，有的会夹絮甚至用毛皮缝制，所以袴在北方用得比较多，在陆游所描写的南方农村则比较少见。传统的袴，由于当时剪裁技术还不是那么高明，所以裁剪出来的裤裆就不那么贴身、舒适。而当材料本身较厚时，裤裆的裁剪就变得更麻烦了。裤裆如果剪裁不当，穿着时就很容易"夹裆"，不仅不舒服，而且行走、劳作时也很碍事，甚至会在大庭广众之下裂开。比较省事的处理方法就是干脆不做裤裆，裤管直接连着裤腰，或者连裤腰也没有，直接把袴的裤管用绳子拴在裈上面。

33 纨绔儒冠皆误身·纨绔

赠李兕彦威秀才　　[宋]苏轼

魏王大瓢实五石,种成濩落将安适。

可怜公子持十牛,海上三年竟何得。

先生少负不羁才,从军数到单于台。

天山直欲三箭取,白衣将军何人哉。

夜逢怪石曾饮羽,戏中戟枝何足数。

誓将马革裹尸还,肯学班超苦儿女。

封侯卫霍知几许,老矣先生困羁旅。

酒酣聊复说平生,结袜犹堪一再鼓。

（三）下裳

弃书捐剑学万人，纨绔儒冠皆误身。

穷途政似不龟手，与世羞为西子颦。

如今惟有谈天口，云梦胸中吞八九。

世间万事寄黄粱，且与先生说乌有。

在这首诗中，北宋诗人苏轼对友人李岜彦威表达了衷心的祝愿和诚恳的劝诫，也委婉地抒发了自己郁郁不得志的感慨。他说，友人既然有不羁的才华，那就不要做浪费光阴、游手好闲的富家子弟，而要像卫青、霍去病那样在沙场上建功立业，博取封侯的功勋，不要像自己一样，为羁旅所困。这首诗里的"纨绔"就是指富家子弟。

"纨"指的是一种非常细软的丝织品，带有花纹，是丝线排列紧密的高级面料。这种高级面料价格昂贵，用来制作衣服又需要复杂、精致的做工，只有富贵人家的子弟才能消费得起。绔同"裤"，又可写为"袴"。因此"纨绔"是指用细绢做成的裤子，泛指富家子弟奢华的衣着，因而也可以借指富贵人家的子弟。在封建社会，人有高低、贵贱等级之分，穿的衣服也是如此，不同的衣服代表不同的身份。

绔这种服装，一开始制作出来，是出于保暖的目的。古时候人们穿衣服，上身穿的叫作"衣"，下身穿的叫作"裳"。为了走起路来不进风，在冬天不被冻成"老寒腿"，人们会在裙裳里面套条裤子，贴身穿着来保暖，这类似于我们今天穿的秋裤、保暖裤。因为是贴身穿着，古代富贵人家会采用细腻的上等丝绸做裤子。套进裙裳内的华丽的裤子，就是"绔"。在古代，丝绸只有有钱人家才能用得起，贫苦老百姓想都别想。而当时，有些富

(三) 下 裳

贵人家的公子哥终日无所事事，游手好闲，令人生厌。当时穷苦人家连裤子都穿不起，而那些富家子弟却能穿面料上等的裤子，两个群体形成鲜明的对比。"膏粱子弟"和"纨绔子弟"是近义词。膏，是指肥肉；粱，就是指精米、白面这些细粮。所以膏粱子弟和纨绔子弟差不多，指的就是那些吃得起肥肉和细粮的富家子弟。在这首诗里，苏轼劝谏友人不要做纨绔子弟，希望他不要游手好闲、无所事事，不要因贪图物质享受而荒废了正业。

34 急装何由穿袴褶·袴褶

闻虏乱有感　　［宋］陆游

前年从军南山南，夜出驰猎常半酣(hān)。
玄熊苍兕积如阜，赤手曳(yè)虎毛毵(sān)毵。
有时登高望鄠(hù)杜，悲歌仰天泪如雨。
头颅自揣已可知，一死犹思报明主。
近闻索虏(lǔ)自相残，秋风抚剑泪汍(wán)澜。
雒(luò)阳八陵那忍说，玉座尘昏松柏寒。
儒冠忽忽垂五十，急装何由穿袴褶(zhě)？
羞为老骥(jì)伏枥(lì)悲，宁作枯鱼过河泣。

三 下　裳

在这首诗里，南宋诗人陆游抒发了自己对于率军征战沙场、实现报国之志的急切渴望。诗人回忆从军的经历，当时他经常跟随部队打猎。他身强力壮，与猛兽搏杀；有时登高望见失地，不禁泪如雨下。他心中无时无刻不想着以死报国。他听闻近来北方大敌金国发生了内乱，认为这是进军北上、收复故地的大好良机。他急切地想要穿上袴褶为国出征，然而他做了几十年的文臣，在南宋朝廷当权投降派的打压下郁郁不得志。想到此，他真是悲愤无比。

袴褶是一种套装，也就是古代的一种军装。"褶"是指穿在外面的上衣，其特点是短小、有宽广的袖子；也指一种有衬里的夹衣，式样似袍而比袍短，腰间束革带，方便、利落。这种衣服为左衽，所以称"左衽袍"，原为北方少数民族的服装，后来传入中原地区。

后来，袴褶这种军装慢慢传入民间。民间的袴褶与作为军装的袴褶，有了较大的差异。起初，袴褶是短衣、窄腿、细口。后来，这种袴褶除了继续作为军人作战、行军时的服装，还进一步演变出一种广袖、大口的阔腿袴褶，为民间所常用。皇帝和文武百官出席军事典礼时，以及军队仪仗也采用这种新式袴褶，这使其逐渐变得礼仪化。陆游在这首诗

穿袴褶的唐代人物雕像

里所描写的"袴褶",应该是传统的军装样式。

魏晋南北朝时期,"袴褶"和"裲（liǎng）裆"皆由北方游牧民族传入。汉族人根据自身宽袍大袖、上衣下裳的穿衣传统,对袴褶进行了改造。从时代审美的角度来看,翩翩大袖加上宽松的大口袴,显示了魏晋时期那种洒脱、大度之风。

缚裤

到了陆游所处的宋代,袴褶逐渐成为一种全民性的衣服,不分男女、不分阶层皆可穿着,从陆游这样的士大夫、将士到一般百姓都十分喜爱穿袴褶。由于大口袴的裤管宽松而阔大,不便于活动,有些人既想舒适、美观,又想便于行走和劳动,便以布带缠缚膝下,使其不再松散,这样行走、跨骑时就比较便捷。这种在膝下缚带的裤子,在当时被叫作"缚裤"或"缚袴"。

四 足衣

古诗词中的足衣，不仅仅是指某种服饰，也是文人内心情感、志向的寄托。在这些流传千古的诗篇中，鞋袜被赋予了丰富的象征意义和文化内涵。我们在品味诗词之美的同时，也能感受到古代文人丰富的内心世界和极高的思想境界。

35 弃我如遗焉·焉

宣州九日闻崔四侍御与宇文太守游敬亭余时登响山不同此赏醉后寄崔侍御二首（其一）　　［唐］李白

九日茱萸熟，插鬓伤早白。
　　　zhū yú

登高望山海，满目悲古昔。

远访投沙人，因为逃名客。

故交竟谁在，独有崔亭伯。

重阳不相知，载酒任所适。

手持一枝菊，调笑二千石。

四
足 衣

日暮岸帻归，传呼隘阡陌。

彤襜双白鹿，宾从何辉赫。

夫子在其间，遂成云霄隔。

良辰与美景，两地方虚掷。

晚从南峰归，萝月下水壁。

却登郡楼望，松色寒转碧。

咫尺不可亲，弃我如遗舄。

赤舄

高底舄

在这首诗中,盛唐诗人李白深情地抒写了自己与好友崔侍御之间的深情厚谊,同时也表达了思而不见的万般惆怅。重阳佳节,李白与好友崔侍御却天各一方,诗人只能登高想念故友,想到故友此时持菊骑鹿、游山玩水、应酬宴饮,他更觉得孤独。"咫尺不可亲,弃我如遗舄",意思是他感到自己好像一只被遗弃的木鞋子。时隔千年,我们仍然会被李白与崔侍御这份真挚的情谊所深深打动。

这首诗中的"舄",其本义就是鞋子。这在《广雅》中就有记载:"舄,履也。"所以可以组词"舄履"。而且这种鞋子在古代特指非常华贵的鞋子,不是普通百姓可以穿的,只有王公大臣才能穿。

在古代,"舄"与"履"一般是不做区分的,都可以用来指鞋子。但少数情况下也会做区分:单底鞋称"履",复底鞋称"舄"。复底就是双层鞋底,上层用麻或皮,下层用木。李白这首诗中的鞋子应该就是复底鞋。根据颜色与寓意的不同,舄也分为很多种:其中赤色的叫"赤舄",是最尊贵的一种,与玄衮(gǔn)搭配在一起,俗称"衮服舄履",是诸侯王以上的阶层特有的服饰,因而"衮舄"也常常被用来指代古代的诸侯王;在赤舄上加上黄金做的装饰,就叫"金舄";白色的叫"白舄",周礼中规定,帝王在参与军事行动、视朝时所穿的白色复底鞋,要能和韦弁服或者皮弁服搭配在一起;据

四 足 衣

说还有一种"命舄",是皇帝赏赐给大臣或者命妇的。

总之,古代的王公贵族和文武百官的舄,都是非常奢华、精巧的。西汉初期,社会刚刚经历了长时间的战乱,民生凋敝,百废待兴。据说当时的皇帝汉文帝体恤民情,选择不穿华丽的服饰,不用奢侈的器物,只穿朴素的皮革舄履,睡蒲草的凉席。他这些行为被后人视为帝王的美德,他也成了著名的贤君,后世的大臣们常常喜欢以汉文帝穿革舄的典故来劝谏帝王爱惜民力、节约物产。

《后汉书》中还记载了一个有关舄的故事。传说,东汉时期有一个在叶县当县令的人叫王乔,他为官多年,人们没有见过他的车驾,感觉很奇怪,但找不到原因。皇帝也觉得很奇怪,就专门派人跟踪王乔。跟踪王乔的人发现,有双凫(fú)在天上飞行,就用网将其捕捉下来,被捕捉的凫鸟却变成了一只舄,人们猜测这大概是王乔的法术。后来,传说王乔死后飞升成仙。因此,后世也用"悬舄""悬履舄"来指称县令的行踪。李白没有好友的音信,感觉自己好像被遗弃的木舄。可惜他这双遗舄却不能像王乔的悬舄一样化成飞鸟,不然他就能去寻找好友了。

36 足下蹑丝履·履

孔雀东南飞（节选） ［汉］佚名

汉末建安中，庐江府小吏焦仲卿妻刘氏，为仲卿母所遣，自誓不嫁。其家逼之，乃投水而死。仲卿闻之，亦自缢于庭树。时人伤之，为诗云尔。

孔雀东南飞，五里一徘徊。

"十三能织素，十四学裁衣。十五弹箜篌(kōng hóu)，十六诵诗书。十七为君妇，心中常苦悲。君既为府吏，守节情不移。贱妾留空房，相见常日稀。鸡鸣

四
足 衣

入机织，夜夜不得息。三日断五匹，大人故嫌迟。非为织作迟，君家妇难为。妾不堪驱使，徒留无所施。便可白公姥，及时相遣归。"

……

新妇谓府吏："勿复重纷纭。往昔初阳岁，谢家来贵门。奉事循公姥，进止敢自专？昼夜勤作息，伶俜萦苦辛。谓言无罪过，供养卒大恩；仍更被驱遣，何言复来还！妾有绣腰襦，葳蕤自生光；红罗复斗帐，四角垂香囊；箱帘六七十，绿碧青丝绳，物物各自异，种种在其中。人贱物亦鄙，不足迎后人，留待作遗施，于今无会因。时时为安慰，久久莫相忘！"

鸡鸣外欲曙，新妇起严妆。著我绣夹裙，事事四五通。足下蹑丝履，头上玳瑁光。腰若流纨素，耳著明月珰。指如削葱根，口如含朱丹。纤纤作细步，精妙世无双。

……

四 足衣

《孔雀东南飞》这首汉乐府诗，主要讲述了一个叫焦仲卿的人和他的妻子刘兰芝之间的故事。诗人通过细致入微的描写，塑造出一个富有魅力的女性角色——焦仲卿之妻刘兰芝。兰芝出身高贵，与丈夫十分恩爱。但却被婆婆勒令休弃。她即便被婆婆强令休弃，也要头戴玳瑁首饰、脚踏真丝鞋履，体面、从容地离开。

刘兰芝脚上穿的"履"，在刚出现的时候指的是单底鞋，不同于复底鞋——舄。随着时间的推移，履后来成为所有鞋子的统称。在金文里，"履"字包含了一个"舟"字。这是因为古代的履很多都是翘头的，看起来就像一艘小舟。

诗中"足下蹑丝履"中的"履"，和下文即将要讲到的"屦（jù）"一样，都是指单底鞋。不过，在不同的时代，单底鞋有着不同的称谓。在汉朝以前，单底鞋被称为"屦"，这时的单底鞋大多由麻和葛等制成。在《诗经·魏风·葛屦》中就有记载："纠纠葛屦。"汉朝之后，单底鞋开始称"履"，大多由麻和丝制成。

根据史料记载，履出现之后，在中国传统文化中不仅单纯地指代鞋子，而且还是《周易》六十四卦之中的第十卦，也就是履卦。在《周易》中，每一卦的卦辞和爻辞都有着极其丰富的含义。履卦借人行走来比喻、说明行事为人的要求：既要像穿着素白色的布履那样清白、朴实，也要像走在宽广、平整的大道上一样坦坦荡荡，还要在身处如同"履虎尾"一样的险境时万分小心，更要避免行事过于莽撞、求快。从《周易》中的这部分内容来看，履在古人的生活中很常见。

古人穿履很有讲究。在古代，人们不仅要将履穿得整整齐齐，而且往往是年少者服侍年老者穿履，地位低者服侍尊贵者穿履。传说，秦朝张良为报国仇，刺杀秦始皇不成，只好狼狈逃入山中，没想到遇到太白金星，得到其指点，来到一个叫"下邳（pī）"的地方寻找名师。仙人黄石公奉旨下凡，在圯（yí）桥等候张良，主要任务是将奇书传给张良。黄石公见到张良走来，故意脱掉脚上的履，让张良帮他穿上。张良没有多想，就按照黄石公所说的，帮他穿履。黄石公觉得张良不错，要收他为徒，让他五日后来圯桥等候传书。张良心急难耐，那日三更时分就来此等候，终得安邦定国之奇书。

虽然这只是一个传说，但也可以看出履所蕴含的礼仪方面的内涵。这就不难理解刘兰芝为何在被驱逐时仍要将履穿得整整齐齐了，因为只有这样才算得上体面、不失礼。

37 杖屦寻春苦未迟·屦

鹧鸪天　　［宋］陆游

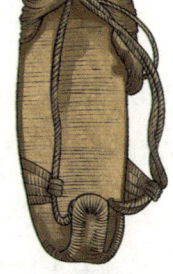

　　杖屦(jù)寻春苦未迟。洛城樱笋正当时。三千界外归初到，五百年前事总知。　　吹玉笛，渡清伊。相逢休问姓名谁。小车处士深衣叟(sǒu)，曾是天津共赋诗。

宋代的棕条屦

在这首词中，南宋诗人陆游写下了自己穿屦春游的过程。在游玩途中他与一位曾一起赋诗的故人偶然重逢。

"杖屦寻春苦未迟"这句诗中的"屦"，一开始指的是用麻绳等制作的单底鞋。这种单底鞋不同于复底鞋舄，也不同于用丝、布制作的履。不过，随着时代的发展，履慢慢成了所有鞋子的统称。汉代以后，就很少再区分履和屦了。根据史料记载，"屦"源于"拘"，就是鞋子穿在脚上拘束着脚的意思。

不过，粗麻、棕、葛等材质的屦虽然比较粗糙，但并不代表屦一定是平民百姓之物。就像这首诗中，陆游在春游时就穿着屦。屦历史悠久，穿起来清凉、舒适、便利，因此古代的贵族、士大夫阶层很喜欢屦。周朝就有"屦人"这一官职，专门负责王和王后的服饰和鞋屦。屦人是周代六官之首——天官之属，职责和地位都十分重要。

屦被贵族、士大夫阶层所接纳之后，也就不可避免地在日常穿着之外承担许多礼仪的职能，被赋予了许多文化内涵。根据周礼的规定，士大夫在服丧期间，夏天要穿麻、葛制成的屦，而冬天则要穿白屦。同时，年轻人在侍奉、陪坐于长者身边时，所穿的屦不能上堂。不仅如此，古人还常用"冠"和"屦"来比喻地位的高低、尊卑。头戴的冠帽在上，而脚踩的鞋屦在下，二者高低、上下分明，就如同人的等级和尊卑不同。

古代贵族、士大夫穿屦的场合是很多的。东汉末年有一个叫蔡邕（yōng）的人，才学十分深厚，朝廷对其特别重视，每天上门拜

（四）足衣

访他的客人熙熙攘攘，门口的巷子里停满了车驾。但是，当一个叫王粲（càn）的孩子登门拜访时，他却十分急切地去迎接，连脚上的屦都来不及穿好，倒踩着就出去了。还是个孩子的王粲瘦弱、矮小，他的到来让满座的宾客十分惊讶。蔡邕说道："这是王公的孙子，他才华出众，就连我都不如他。"后来，王粲果然不负蔡邕的美誉和厚望，成为名留青史的大文学家，名列"建安七子"。这个故事从侧面显示出，像蔡邕这样的士大夫阶层不仅在出游时穿屦，在居家日常生活中也会穿屦。

古代的士大夫阶层在居家生活中穿的屦

左边的类似于现在我们见到的"一脚蹬"的鞋子
中间的类似于现在所穿的拖鞋
右边的像下地干活所穿的草鞋

38 应怜屐齿印苍苔·屐

游园不值　　［宋］叶绍翁

应怜屐齿印苍苔，小扣柴扉久不开。

春色满园关不住，一枝红杏出墙来。

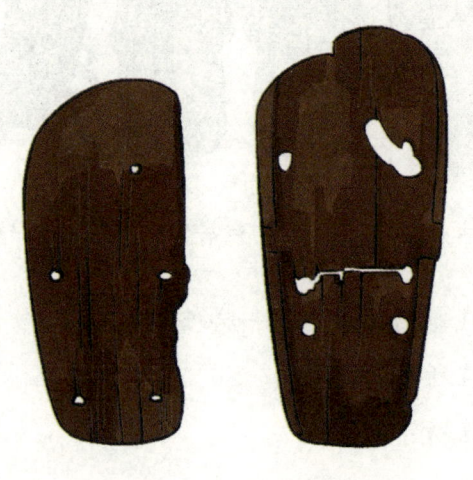

慈湖遗址出土的木屐的式样

(四) 足衣

在这首七言绝句《游园不值》里，南宋诗人叶绍翁讲述了一段有趣的经历。他踏着木屐想要去一处清幽、僻静的园子里游春，可是无论怎么敲门，园子里都无人应答。可正当他准备离去时，却无意中发现有一枝红杏在不起眼的角落探出院墙。他发出感慨，真的是满园的春色，想关都关不住啊！

"应怜屐齿印苍苔"中的"屐"，是一种用木头做鞋底的鞋子，也被称为"木屐"。在宋朝，木屐多用作雨鞋。在比较潮湿的春季，诗人叶绍翁穿着木屐出门游玩，倒是十分合适。

制作屐的材料有很多。古时候，江南有一种两齿木屐，以桐木为底，以蒲为鞋面，用麻穿其鼻制作而成。这种两齿木屐不仅能防滑，而且上下坡时更为省力。叶绍翁穿着的大概就是这种两齿木屐。除此之外，古代行军打仗时会使用平底木屐，主要是为了防止人的脚部被带刺的杂草划伤。不仅如此，平民也往往会选择在路上穿着木屐，防止脚被带刺的植物划伤。

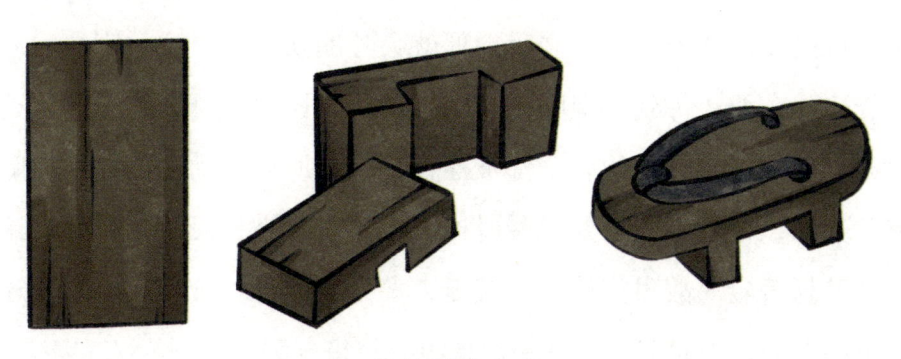

屐的制作步骤

和其他鞋子相比，屐的构造有特殊之处。屐通常由三部分组成：一是底板，称为"木扁"，这是屐的基础，通常用木料制作成鞋底形，其上钻有很多小孔，用于穿绳；二是绳带，称为"系"；三是屐齿，装在木扁下面，有扁平、四方及圆柱等多种形状，高度大约为6—8厘米，前后高低大致相同，方便人们在雨天行走，避免脏污和打滑。

由于木屐具有轻便、防滑且简洁、自然的特点，它成为古代文人雅士外出游山玩水的必备品。南朝的时候，著名山水田园诗人谢灵运就是木屐的忠实爱好者，他甚至亲自动手改良了木屐。相传，两齿木屐就是他发明的。他发明的这种两齿木屐，也被称为"谢公屐"，常在游山时穿着，上山可去其前齿，下山可去其后齿，方便、省力，受到很多像叶绍翁这样的士大夫的喜爱。也正是穿着这种谢公屐，谢灵运得以穿行于山水之间，写就许多佳作。

古书中还记载着这样一个让人忍俊不禁的故事。传说，山里的猩猩非常喜欢酒糟和屐，因而村民想出这样一种捕捉猩猩的方法：在山路上摆上酒糟和几十只连接成长条的屐，猩猩可能刚开始会试探，村民没有任何动作；之后猩猩就会呼朋唤友，招呼大家一起来享受这些东西；等到猩猩喝得醉醺醺的，村民再现身捕捉它们。这时候，猩猩因为脚上的屐全都被拴在一起，所以行动不便，再加上酩酊大醉，根本不知道要把屐脱掉，因此就会被村民一网打尽。这个"醉猩著屐"故事虽然有些荒诞、离奇，但也十分有趣，所讲述的也许真的是当时劳动人民一种高明的狩猎方法。

39 桃椎尚欠居士屩·屩

叹屩词　　［宋］艾性夫

（屩 juē）

履穿无下叹东郭，**桃椎尚欠居士屩**。

是谁业屦捆秋芒，绝胜编棕便行脚。

花泥溶溶草露滴，山石幽幽苔烟碧。

江南林壑（hè）天下奇，不识春申珠履客。

唐代蒲草鞋

藏在古诗词里的中华文明
霓裳风华

在这首诗里，南宋末年的诗人艾性夫咏物抒怀，借咏屫，来抒发自己的不得志之情。诗人以隐士朱桃椎自比，直言自己缺少一双隐居山林的居士屫。屫被人穿在脚下，踏过苔藓、泥土、岩石、花草、露水，走遍了江南的山川林壑，却不被他人放在眼中。屫，就是草编的屦。居士屫，指的是唐朝隐士朱桃椎所织就的麻草鞋。朱桃椎当时隐居山中，不接受别人的馈赠。不过为了换取自己生存所需要的物品，他将自己编织的麻鞋放置在路边，旁边放一张纸，告诉大家可以用米或茶来置换，等来交换的人走后再去取回路边的米和茶，始终不和人接触。所以，当时的人们也将他制作的鞋称作"居士屫"。

屫经常与隐士、僧人、道士联系在一起，这可能是因为这些人都生活在山林之中，又崇尚简朴的生活。屫穿着轻便、舒适，外观自然、简朴，材料廉价、易得——只需取材于山中随处可见的草木，自然为隐士、僧人、道士等人所喜爱。其中，芒屫是用芒茎的外皮编织而成的鞋，也泛指草鞋，是隐士和僧道群体的代称。史书也曾记载，唐代著名隐士张志和在隐居时，住着生茅草的屋子，睡铺豹皮的床，穿棕叶编制的屫。

古时候，有跟的屫也叫作"跂（qí）屫"或者"履屫"。传说，在古时西域的大佛寺——中天寺里，就供奉着当年唐代高僧玄奘西行取经时所穿的麻屫。

芒屫

126

(四) 足 衣

之所以供奉麻屦而不是别的服饰、遗物等，根据佛经记载，是因为在此之前西域没有出现过这种屦。这个传闻也从侧面印证了屦这种鞋子是当时中原人民所特有的。

有一种特殊的屦叫作"菅（jiān）屦"，是用菅草编制而成的草鞋。按照古代礼制规定，这种特殊的草鞋是居丧者服丧所用。所谓菅草，就是茅草。坟丘的土堆上常常生长着茂密的黄茅草，因此在古代，黄茅、黄菅也象征着死亡与哀思。

40 绣靴画鼓留花住·靴

次韵宗伟阅番乐　　［宋］范成大

十日闲愁昼掩关,起寻一笑共清欢。

罢休诗社工夫淡,洗净书生气味酸。

尽遣余钱付桑落,莫随短梦到槐安。

绣靴画鼓留花住,剩舞春风小契丹。

四 足 衣

在这首七言律诗《次韵宗伟阅番乐》中，南宋诗人范成大描写了清雄的契丹乐舞。诗人一连十天闭门不出，心情郁闷。这一场契丹乐舞，让人看来豪气顿生，一展愁颜。乐舞雄壮，惊落了桑叶，还带走了观赏者的睡意、疲倦。契丹舞者在春风中舞动，绣靴画鼓仿佛能把春天留住。诗人并没有直接描写契丹歌舞是什么样子，而是描写观众的反应和与之相对应的联想，让读者读来犹如身临其境地观赏这场舞蹈。

"绣靴画鼓留花住"中的"靴"，在刚出现时，多为北方游牧民族所使用，材质多为皮革。到了战国时期，赵武灵王提倡"胡服骑射"，靴开始在中原地区流行。赵武灵王喜爱胡服，常穿黄皮短鞠（yào）靴，后来他加高了靴筒，方便官员穿用。因此，官靴大都可以在骑马射箭时穿着，而百姓的靴不适合在作战时穿着。

发展到南北朝时期，妇人们常常选择在冬至这一天给家里添置履袜和靴。到了隋朝，靴流入中原，与礼服配套，造型更加完美。这时，六合靴（用六块皮革拼合、缝制而成）已经出现。到了唐朝，不管是达官贵人还是平民百姓，都普遍穿靴了。这时，靴有了长筒、短筒，圆头、平头、尖头等多种款式。宋朝初期，制鞋工艺虽然仍沿用唐和五代的技术，但也开始发生变化。发展到宋朝后期，靴开始采用黑革作面，里面衬毡子，靴高八寸，当时的文武官员开始根据品级、服色来装饰自己的靴边。宋、辽、金、元时期，靴的式样有了很多新的变化，出现了鹅头靴、云头靴、花靴、旱靴、革翁靴、高丽式靴等。此时的靴造型很简单，但开始跟衣服搭配穿着了。范成大在这首诗中提到的"绣靴",就是辽国契丹族的一种靴。

在古代中国,起初官员穿礼服时,不能着靴,否则便是不敬。后来这种情况发生了反转,靴子反而成了官员的礼服必备。这种官靴又叫"厚底皂靴",是一种底很厚、白底黑色的靴子。

铜泡战靴

从明朝开始,朝廷下令禁止平民百姓随意穿靴,穿靴自此有了等级制度。到了清朝,男子穿便装时主要穿鞋,但穿公服时需要穿靴。靴子的面料多为黑缎,式样初期为方头,后改为尖头,但和朝服配套的靴子仍是方头靴。民间的尖头靴,式样普遍相同,只是在用料上有很大的"贫富差距":富人春秋季节可穿青素缎靴,冬季可穿青绒靴;而贫苦的人只能穿青布靴。

41 夜久侵罗袜·袜

玉阶怨　　［唐］李白

玉阶生白露,夜久侵罗袜。

却下水晶帘,玲珑望秋月。

金绣袜

在这首五言绝句《玉阶怨》里，盛唐诗人李白刻画了一个在漫漫长夜独自望月的女子形象。她在玉阶上坐了很久，夜里的寒露浸湿了她脚上的罗袜。即便如此她也不愿离去，仍留在庭前望月。这里的"罗袜"指的是古代的袜子，也被称为"足衣"或"足袋"。

古时候的袜子，主要有筒袜、系带袜、裤袜、分趾袜、光头袜和无底袜等六种。其中，有筒袜的袜筒长短不一，有的长至腹部，有的短至踝间；系带袜是为了防止穿着时脱落；分趾袜是将拇趾与其他四趾分开，呈"Y"形；光头袜和无底袜则多用于古代缠足的女子，俗称"半袜"。李白所处的唐代，社会风气开明，女子并不缠足，因此诗中的罗袜不可能是这种半袜。不过由于诗句简短，我们也不清楚这种罗袜到底是哪种样式。

古时人们对于袜子的穿着有着非常严格的要求。比如，在古代的朝堂上，臣子去拜见帝王时，需要将履和袜都脱掉才能进入大堂。如果穿着袜子进入大堂，就是失礼的表现。从中可以看出，古时候王公贵族对于袜子的要求是与会面礼仪相联系的。当时，袜子多为王公贵族穿着，贫苦的老百姓并不能经常穿着布棉制成的袜子，因而在一定程度上，袜子也是当时人们身份和社会地位的象征。

西汉初期，隐士王生喜欢"黄老之学"，很受当时人的尊重。他曾应召入朝，当时三公九卿均在场，王生的袜带松了，就

皮毛袜子

（四）足　衣

让张释之替他系上，张释之便跪下替他系好袜带。事后，有人问王生为什么要在朝堂上羞辱张释之，王生说："我年纪大了，地位也不高，自忖帮不上张廷尉什么忙，所以才这样做。张释之是天下名臣，我羞辱他，正是为了提高他的声誉。"大臣们听后，都称赞王生的贤德，敬重张廷尉的品行。这就是典故"结袜"或"张释之结袜"的由来。后人常用这一典故形容人的贤能和德行。这也从侧面反映出古代袜子的礼仪功能。

从古代礼制的记载和这个故事都可以看出，古代袜子的穿着方式是与礼仪相联系的。像李白诗中的女子那样，只穿着袜子，以至于袜子被露水打湿，是只有在私底下才可能发生的事情。

五 梳妆

古代的女子晨起梳妆，对镜贴花黄、理云鬓、描黛眉……在诗词中，文人以细腻的笔触描写了古人梳妆的优雅与细致。铜镜映照出女子娇美的容颜，发鬓间流露出女子的温婉与娴静。这些梳妆的画面，向我们展示了古人的生活情趣与审美追求。

42 晓镜但愁云鬓改·鬓

无 题　　［唐］李商隐

相见时难别亦难，东风无力百花残。

春蚕到死丝方尽，蜡炬成灰泪始干。

晓镜但愁云鬓改，夜吟应觉月光寒。

蓬山此去无多路，青鸟殷勤为探看。

藏在古诗词里的中华文明
霓裳风华

在这首朦胧、绮丽的七言律诗《无题》里，晚唐诗人李商隐借男女情思，婉转、深沉地抒发了自己不为人知却又刻骨铭心的隐秘心事：相见难得，而离别时更是万分不舍，然而这却无法改变，就如同春去花残一样。只是自己痴心不改，犹如那吐丝到死的春蚕、流泪成灰的蜡烛，即使青丝改换成白发了，也不改其志。流光易逝，老之将至，然而生命却在日复一日的等待中蹉跎，一生的学问功夫又该在何处安放？等到青丝云鬓都成了白发，也难以实现自身的理想。可即便如此，诗人也矢志不渝，想象着将来或许还有贵人，能够如同青鸟一样，殷勤探看自己。这首《无题》深情丽藻，千古无双，动人心魄。

鬓，是指脸旁靠近耳朵的头发——耳际之发。古时候，人们认为"身体发肤受之父母"，因而古人都留长发。古人的鬓发是比较能引起他人注意的，也比较能反映出一个人的年龄、状态。因此，古人常常用不同颜色的鬓发来指代一个人的年龄。比如，绿鬓、青鬓等，都是指乌黑而有光泽的鬓发，也形容年轻貌美，进而指代年轻人或者美丽的女子。霜鬓、衰鬓、鬓华、雪鬓、鬓斑、愁鬓、秋鬓等，则是指白色而无光泽、枯槁（gǎo）的鬓发，也指代人到暮年。李商隐在这首诗里感慨自己云鬓改换，就是说自

妆容精致的唐朝仕女

五 梳 妆

已头发白了。

魏晋时期有一个著名的美男子,叫潘岳,也就是人们熟知的"潘安",他是一位文学家。由于仕途不顺,潘岳空有才名却郁郁不得志,心情苦闷,在三十二岁的壮年就已经两鬓斑白了。然而,时人却以为潘岳两鬓斑白是他太过多情所致。后来,人们就用"潘鬓"形容人在壮年就未老先衰、鬓发斑白。

除此之外,古人也赋予鬓发许多寓意。有一种看起来像蝉的蝉鬓,在古代十分受欢迎。蝉这种昆虫只以树汁、露水这些洁净之物为食,又顺应节气,终日在树枝高处鸣叫。古人相信蝉是一种餐风饮露的高洁之物,又因蝉寿命短暂,所以对蝉十分喜爱和同情。相传,蝉鬓是由三国时魏文帝曹丕的一个宫人莫琼树发明的。后来,这种蝉鬓慢慢地在宫中流行开来。蝉鬓之所以以蝉命名,是因为其乌黑油亮就像蝉身的颜色,鬓发薄而透明的质地看起来就像蝉的翅膀,十分精致。蝉鬓在古代一经出现,就受到广大女子的喜爱。

李商隐诗中的"云鬓",与蝉鬓一样,也是一种乌黑、轻柔、优美的发式。由此,我们也可以看出古人对于鬓发的审美趣味。

43 淡扫蛾眉朝至尊·蛾眉

集灵台二首（其二） ［唐］张祜(hù)

虢(guó)国夫人承主恩，

平明骑马入宫门。

却嫌脂粉污颜色，

淡扫蛾眉朝至尊。

五 梳 妆

虢国夫人和杨贵妃两姐妹在当时地位尊崇，不可一世。唐代诗人张祜的这首七言绝句，正是意在讽刺虢国夫人的轻狂之态。清晨，虢国夫人不仅在守卫重重、规矩森严的宫城内骑马，而且自恃美色，觉得脂粉反而会掩盖她的容颜，仅仅是淡淡地画一画蛾眉就去朝见皇帝了。不过在讽刺之余，我们也能想象虢国夫人的美色是何等惊艳，连脂粉都不用，只淡淡的蛾眉就足以把她的容颜衬托得淋漓尽致。

蛾眉是指女子像蚕蛾触须一样的眉毛，也用来比喻女子美丽的眉毛，进而指代女性的美貌或者美女本身。唐朝女子的蛾眉阔而短，因此又名"桂叶眉"。张祜这首诗中虢国夫人的蛾眉，很有可能就是这种桂叶眉。

"蛾眉"一词最早出自《诗经·卫风·硕人》："蓁（qín）首蛾眉，巧笑倩兮。"在古人的审美体系中，美女必须有像蚕蛾触须一样弯弯的眉毛、像蓁蝉一样宽阔光洁的额头、灵动宛转的眼神、洁白整齐的牙齿，也就是所谓"蓁首蛾眉""蛾眉曼睩（lù）""蛾眉皓齿"，才能算得上倾国倾城。虢国夫人正是因为有这样的蛾眉，才更显美丽。

同时，蛾眉的形状还引发了古人一些有趣而不失生动形象的联想和比喻。比如，古人就把扁豆称作"蛾眉豆"。唐朝中书、门下、御史台官员朝见皇帝时，左右分行、对立成两班，状如蛾眉，故称"蛾眉班"。农历月初或月末的月亮，形似蛾眉，故称"蛾眉月"。

不仅如此，在古代士大夫的文学作品中，蛾眉还有更为深邃的文化意蕴。这要从战国时期楚国诗人屈原说起。在楚辞中，屈原创

造了一种文学传统，名为"香草美人"，也就是把政治德行比喻成美人、花草。屈原描写了很多女子的妆容，蛾眉就是其中一种。屈原在《离骚》中写道："众女嫉余之蛾眉兮，谣诼（zhuó）谓余以善淫。"他假托女子的口吻，以其他女子因嫉妒自己美丽的蛾眉而诋毁自己无德，来指代楚国朝廷上的奸臣小人对他的攻击。在这里，蛾眉就是诗人美好德行的象征。香草美人的文学传统，至今仍具有强大的生命力。

　　蛾眉作为一种妆容，因有着美好的寓意，得以走出一般女子的闺阁，在历史上流传下来。

44 八字宫眉捧额黄·额黄

蝶三首（其三） ［唐］李商隐

寿阳公主嫁时妆，八字宫眉捧额黄。

见我佯羞频照影，不知身属冶游郎。

藏在古诗词里的中华文明
霓裳风华

在这首七言绝句里，李商隐将蝴蝶比作女子。蝴蝶头上的触角像宫女画的眉，斑纹好像女子额头上贴着的额黄一样，看起来就像出嫁的寿阳公主。蝴蝶看见诗人后频频对水照影，好像害羞了，殊不知他只是一个来游玩的过客罢了。诗中的描写，既新奇有趣又生动贴切。

额黄，一种古时汉族女子的美容妆饰，因其以黄色颜料或材料染画、粘贴于额间而得名，也称"鹅黄""鸦黄""约黄""贴黄""花黄"。

据说，我国古代汉族女子在额头涂黄的风习起源于汉朝。这可能与佛教在我国的广泛传播有关，当时全国大兴寺院，佛像、石窟随处可见。女子从涂金的佛像上受到启发，也将自己的额头染成黄色，久而久之便形成了染额黄的风习。黄色颜料厚积额间，状如小山，故称"额山"。

据文献记载，女子额部饰黄主要有两种方法：一种为染画，一种为粘贴。染画是用毛笔蘸着黄色颜料，染画在额上。具体染画方法又有两种：一种为平涂法，即在额部全涂；一种为半涂法，即在额部涂一半，或上或下，然后以清水过渡，由深而浅，呈晕染之状。李商隐这首诗里描写的"额黄"，应该就是染画而成的。诗中的"八字宫眉捧额黄"，是古代一种流行的妆容：先将眉画成"八"字

142

五 梳 妆

眉，再在眉心涂抹黄色颜料。粘贴法比染画法更容易，将黄色的材料剪制成薄片状饰物，使用时粘贴于额上即可。由于额黄可剪成星、月、花、鸟等形状，故又称"花黄"。

颇为有趣的是，原本女子的额黄是借花来彰显自己容颜的美丽，因而女子贴上额黄的样子称作"栀貌"——栀是一种果实为黄色的植物，也叫"水横枝"，是当时女子额黄的主要染料来源；久而久之，文人常常用"栀貌"来形容同样是黄色的蜡梅，栀貌也就成了蜡梅的代称。

与寿阳公主有关的妆容还有一种梅花妆。相传，南朝宋时，有一次，宋武帝的女儿寿阳公主卧在皇宫含章殿的屋檐下休息，忽然一朵梅花不偏不倚地落在她的额头中央，留下了一个梅花形状的印记，拂拭不去。当时的皇后看见后十分喜欢，便让她把这个印记留下来，三天后才用水洗掉。宫女们都觉得新鲜有趣，争相效仿。后来这种妆容传出宫去，受到了民间女子的追捧。在民间传说中，寿阳公主因此成为梅花的花神。这便是梅花妆的来历。而其中的梅花印记，实际上也是一种独特的额黄。

45 花钿委地无人收·花钿

长恨歌（节选） ［唐］白居易

骊(lí)宫高处入青云，仙乐风飘处处闻。

缓歌慢舞凝丝竹，尽日君王看不足。

渔阳鼙(pí)鼓动地来，惊破霓裳羽衣曲。

九重城阙烟尘生，千乘万骑西南行。

翠华摇摇行复止，西出都门百余里。

六军不发无奈何，宛转蛾眉马前死。

花钿(diàn)委地无人收，翠翘金雀玉搔头。

君王掩面救不得，回看血泪相和流。

㈤ 梳 妆

在这首《长恨歌》里,唐朝诗人白居易用浪漫、瑰丽的笔触,详细描述了唐玄宗李隆基和贵妃杨玉环之间的故事。唐玄宗与杨玉环曾经极尽恩爱,但二人的感情最终以悲剧收场。唐玄宗贵为皇帝,在逼宫的禁军面前却也不得不坐看杨玉环香消玉殒、花钿落地。

头上戴着花钿的唐朝女性

花钿其实指两种东西。一种是指戴在发髻上的、用金翠珠宝制成的花状装饰品,如宝钿、金钿等。诗中杨玉环所佩戴的"花钿",指的就是这一种。当时的女子非常喜欢佩戴花钿头饰,有的花钿有钗梁,可以直接固定在发髻上,有的花钿要配合发簪固定在发髻上。如果没有佩戴牢固,就容易出现花钿脱落的情况。

眉间有花钿的唐朝女性

另一种花钿则是指古代女子的一种面部装饰。这类花钿通常有红、绿、黄三种颜色,其中红色用得最多,用金箔、彩纸、鱼鳃骨等制成花形,直接粘贴在脸上,在唐朝比较流行。除花朵形状外,花钿还可以剪裁成小鸟、小鱼、小鸭等的形状,十分新颖、好看。

据说,春秋战国时期就有作为面饰的花钿了,秦汉时期也一直沿用。唐朝,花钿再次盛行起来,传说这与女官、诗人上官婉儿有关。

故事是这样的。武则天当皇帝的时候，粉碎了一起宫廷政变，她发现她最信任的女官上官婉儿也参与其中。武则天大怒，下令将婉儿黥（qíng）面（一种古代的刑罚，指在人的脸上或者身体的其他部位刺字，然后涂上墨汁或别的颜料）。后来，武则天发现上官婉儿是假意参与谋反，实则暗中保护了自己。不过，皇帝金口玉言，黥刑还是要执行的。于是，行刑时改用朱砂，仅在上官婉儿的额头上刺了一朵红梅花。上官婉儿本来就面容姣好，在眉间刺上一朵小巧玲珑的红梅花，更是好看。后来，宫中的年轻女子纷纷效仿，都在额头配以花钿。

到了宋朝，贵族女性开始崇尚淡雅之美，浓艳风格的花钿便逐渐失宠了。到了元朝，花钿淡出女性的妆容。

不过，作为头饰的花钿却一直受到古代女子的喜爱，在明清时期甚至迎来了进一步的发展。其设计更加丰富，雕刻更加精巧，还增加了很多象征性的图案，展现了那个时代的独特审美。

46 泪湿罗衣脂粉满·粉

蝶恋花　　［宋］李清照

泪湿罗衣脂粉满,四叠阳关,唱到千千遍。人道山长山又断,萧萧微雨闻孤馆。　　惜别伤离方寸乱,忘了临行,酒盏深和浅。好把音书凭过雁。东莱不似蓬莱远。

粉盒

在这首《蝶恋花》里，宋代女词人李清照表达了她与家乡姐妹分离时的万般不舍之情。独处夜雨孤馆之中，词人思念千山万水之外的姐妹，眼泪浸透了脂粉、打湿了衣服，将表达相思的送别曲唱了一遍又一遍。临行时过于感伤而乱了方寸，别宴上盏中有多少酒已经记不清了。她希望姐妹不要忘记她，能够时常托大雁寄信前来互诉衷肠，毕竟所处的东莱不像海外的蓬莱仙山那样遥远。词人笔力纵横，满含深情。

从大量的文献记载来看，古时候女子化妆，往往是脂粉并用，很少单用胭脂或妆粉。当时的妆粉有两种：一种是由米粉研碎制成；另一种是将白铅化成糊状的面脂，俗称"胡粉"。因为它是化铅而成，所以又叫"铅华"，也称"铅粉"。

妆粉

北魏末年的农学著作《齐民要术》，比较详细地记载了原始的制粉方法：用一个圆形的粉钵（bō）盛以米汁，使其沉淀，制成一种洁白粉腻的"粉英"，然后将之曝晒成粉末。魏晋南北朝时期，宫

五 梳 妆

人段巧笑将葵花子汁掺入米粉、胡粉,合成"紫粉"。唐朝时,宫中以细粟米制成"迎蝶粉"。唐朝女性的妆容在中国古妆饰史上达到一个高峰,一般概称"红妆"。但实际上,唐朝女妆分为"白妆"和"红妆"两种:前者不施胭脂,称"玉颜";后者则施以粉黛,按深浅的不同,又分为飞霞妆、酒晕妆、桃花妆等。到了宋朝,以石膏、滑石、蚌粉、蜡脂、麝香及益母草等调和制成的"玉女桃花粉"十分流行。或许李清照在这首《蝶恋花》里描写的,就是这种"玉女桃花粉"。这种"玉女桃花粉"用料不凡,效果清丽,倒是与女词人李清照的风雅格调十分相衬。

古时候,不仅女性为了使皮肤红润白皙要在面上敷粉,就连魏晋时期的士族男性也有敷粉的风习。三国时期,魏国名士何晏以姿容美丽、丰神俊朗著称,他的皮肤白得发光,以至于当时的人们纷纷猜测他是不是每天都敷粉,就连当时的皇帝魏明帝曹叡也这么猜测。为了验证自己的猜想,有一天,时值盛夏,魏明帝赏赐给何晏一碗热腾腾的汤饼。何晏吃得大汗淋漓,便用自己穿的朱衣擦拭脸上的汗,擦完汗之后,他的脸却更加白皙如玉了。这时候大家才知道,何晏的确没有敷粉。

47 背人匀却泪胭脂·胭脂

松髻 [唐]韩偓

髻根松慢玉钗垂,指点花枝又过时。

坐久暗生惆怅事,**背人匀却泪胭脂**。

五 梳 妆

　　在诗人韩偓的这首七言绝句里，诗人用细腻的笔触刻画了一个美丽而惆怅的少女形象。远远望去，一位少女在花枝旁打发时间，她的发髻松了，玉钗也垂了下来。少女不知道有什么心事，背对着人，将胭脂都哭花了。无限惆怅却不能为人所知，她只能暗暗将胭脂重新抹匀。诗作让人读来顿生怜惜之情。

　　胭脂，也称"腮红"，涂抹在面颊尤其是腮上，可以使脸色看上去更加明亮、红润，使脸部整体更具有立体感，以增加美感与健康感。胭脂和妆粉一样，有不同的形态，一般有固体、膏状和液态的。

　　古时候，制作胭脂的主要原料为红蓝花，又名"红花"。这是自汉朝以来被频繁记载和经常使用的药物、染料和美容化妆品原料。红蓝花原产于埃及，色泽红润，大约在汉代经由中亚传入中国。匈奴人常常采之制作颜料，并用作女子的美容品。"胭脂"二字也是从匈奴语"红蓝花"一词演变而来的。匈奴人称有红蓝花生长的山为"焉支山"或者"燕支山"。

　　据说，这种花的花瓣中含有红、黄两种色素，花开之后整朵摘下，然后放在石钵中反复捶打，这样能够去除黄色，剩下的红色颜料用来制作胭脂。

　　因为胭脂呈红色，所以古时候胭脂也叫作"红粉"。而胭脂涂在女子的脸上，女子的肤色就会红润如同桃花一般，所以也叫"桃花粉"。不过，胭脂抹在脸上，有时候会被泪水、汗水等弄花，就像韩偓诗中的这名少女一样。除了脱离劳动的贵族女性，一般女性即便买得起胭脂，也只会在比较重要的场合使用。胭脂是女子专用的

古代绘花卉的胭脂盒

化妆品,所以"胭脂""红粉"也被用作妇女的代称。在古代,人们常常把凶悍的女人戏称为"胭脂虎"。

古时候,胭脂受到贵族女性的普遍喜爱。从少女到妇人,都普遍使用胭脂来化妆。就像韩偓这首诗里所描写的,这名少女的眼泪弄花了胭脂,她却还是要偷偷抹匀,既是为了不让人知道自己的心事,也是避免仪容不佳。在古代,胭脂妆面之于女子就像胡须之于男子,体现着一个人的仪容仪表。胭脂在宫廷里也被广泛使用。唐代诗人杜牧在《阿房宫赋》中描写了秦朝阿房宫的景象。他写道,在阿房宫中,每天早起的宫女、嫔妃梳洗时换下的胭脂,使渭河上漂浮起一层脂膏。作为文学作品,《阿房宫赋》或许有想象、夸张的成分,不过这也能从侧面反映出胭脂在古代贵族女性中受欢迎的程度。

48 朱唇翠眉映明眸·唇妆

玉门关盖将军歌　　［唐］岑参

盖将军，真丈夫，

行年三十执金吾，身长七尺颇有须。

玉门关城迥且孤，黄沙万里白草枯，
jiǒng

南邻犬戎北接胡。将军到来备不虞，
róng　　　　　　　　　　　　　　yú

五千甲兵胆力粗，军中无事但欢娱。

暖屋绣帘红地炉，织成壁衣花氍毹。
　　　　　　　　　　　　　qú shū

灯前侍婢泻玉壶，金铛乱点野駞酥。
　　　　　　　　　　　　　　tuó

紫绂金章左右趋，问着只是苍头奴。

美人一双闲且都，朱唇翠眉映明胪。

清歌一曲世所无，今日喜闻凤将雏。

可怜绝胜秦罗敷，使君五马谩踟蹰。

野草绣窠紫罗襦，红牙缕马对樗蒱。

玉盘纤手撒作卢，众中夸道不曾输。

枥上昂昂皆骏驹，桃花叱拨价最殊。

骑将猎向城南隅，腊日射杀千年狐。

我来塞外按边储，为君取醉酒剩沽。

醉争酒盏相喧呼，忽忆咸阳旧酒徒。

五 梳 妆

在这首歌行体诗《玉门关盖将军歌》中，盛唐边塞诗人岑参刻画了戍守玉门关的盖将军的形象。盖将军虽然高大英武，但他戍守玉门关时却和手下军士一起沉湎于享乐。朱唇翠眉、明眸善睐的女子令盖将军驻马停留，勾起他的觊觎（jì yú）之心。岑参此诗，颇有讽刺之意。

在我国古代漫长的历史中，女子的唇妆样式十分丰富，不同时代有不同的流行样式。汉朝时，流行上窄下宽的类似于梯形的唇妆。这种梯形唇妆是在上唇的唇峰处着重画出一小部分，下唇也相应着重画出一部分，比上唇的稍宽一些，但是不覆盖整个唇部。魏晋时期出现了扇形唇妆，类似于我们现代的唇妆。扇形唇妆的画法是，将唇峰处画满，再往唇峰的两边延展，不过不接触唇线，下唇的画法与上唇一致。到了唐代，女子以樱桃小口为美，常将唇部描画得圆润、小巧。这首《玉门关盖将军歌》中美貌女子的朱唇，很有可能就是这种圆润的樱桃小口。

宋代椭圆形唇妆　　　　　清代花瓣形唇妆

宋朝时，女性的唇妆以清新、典雅的风格为主，主要体现女性的文静与秀丽，因此，简单而不失美感的椭圆形唇妆开始盛行。顾名思义，其画法就是将唇妆画成一个椭圆形，先将上唇的一半椭圆画好，再画下唇的一半椭圆。如果想要更加自然一点，就可以将唇膏晕染开一些。

到了清朝，唇妆样式已经"百花齐放"了，其中最受欢迎的是花瓣形唇妆，就是将唇妆画成一朵花的形状。其画法是，先在上唇的唇峰处画出心形，再在下唇中间画上一竖，紧接着从唇的内侧向外侧涂抹口红，将其晕染开来。要注意的是，口红不能晕染到下唇的唇线。

49 十指纤纤玉笋红·染甲

听 筝　　[唐]张祜

十指纤纤玉笋红，

雁行轻过翠弦中。
　　è

分明似说长城苦，

水咽云寒一夜风。

诗人张祜在这首七言绝句里，以自己精妙的想象力描写了古筝动人的韵律。女乐师的十指在红色指甲的映衬下，显得更加纤细、洁白，给人以视觉的享受。古筝响起，弹奏流丽、抑扬顿挫，宛如一只只大雁排成行在云间展翅翱翔。而让人意想不到的是，诗人笔锋一转，想象力所及之处从云间的大雁转入塞北苦寒之地的一夜呼啸寒风，这琴声仿佛在诉说长城将士的苦寒。

这真是让人拍案叫绝！诗人精妙的想象在意料之外，却又在情理之中：一方面，按照诗人的联想，鸿雁南飞正是为了躲避朔北冬日的酷寒，所以大雁啼鸣是在诉说长城苦寒的说法合情合理；另一方面，琴声从像雁阵飞行变成像寒风袭来，这也是演奏从平稳转入激昂的表现。从诗句中我们可以看出女乐师的琴技十分高超，让听众身临其境。

诗中的女乐师将指甲染成红色，让听众不仅能享受音乐，还能欣赏女乐师的美丽形貌。唐朝时，汉族女子中就已经出现染甲的风尚。染甲所用的材料是凤仙花。其做法通常是，取腐蚀性较强的凤仙花的花和叶放在小钵中捣碎，加入少量明矾（fán），浸染指甲。有时候也会将丝绸捏成与指甲一样形状的薄片，放入花汁，等到吸饱水分后取出，放在指甲表面，连续浸染三到五次，数月都不会褪色。

五 梳 妆

美甲不仅是美丽的标志，还是地位的象征。古代官员、嫔妃还用装饰性的金属假指甲增加指甲的长度，来显示其尊贵的身份。不过，这种甲套与诗中女乐师的染甲不同。

我国民间有染甲的习俗。染指甲是我国西南一带地域流传的七夕习俗。七夕这天早上，姑娘们怀着爱美之心，找来明矾，采摘凤仙花的花瓣，将明矾碾碎，与花瓣一起粘贴在手脚的指甲上。

古时候的指甲油叫作"蔻丹"。除了凤仙花，蔻丹主要由蔻丹花制作而成。蔻丹花俗名"千层红"，又名"指甲草"。此外，还有一种散沫花，也经常被用于制作蔻丹。这种花其实并非我国本土植物，而是由阿拉伯、波斯地区通过海路传入，在福建及两广等南方沿海地区广泛种植。相传，散沫花色泽洁白，香气与同样由异域传入的茉莉花不相上下。散沫花因其能养护指甲，还带有迷人的异香，具有新奇的异域气息，而受到女性群体的广泛喜爱。诗中女乐师所处的唐代，正是染甲之风盛行的时期。

散沫花

六 配饰

配饰不仅是古人衬托风雅气质的饰品，更是传递情感、展示生活细节的精致符号。在诗词中，文人以华丽的辞藻描写配饰的精美与独特。这些配饰，或挂在颈间，或垂于腰间，或戴于发上，不仅装点了古人的外在形象，也在无形中展现了古人的内心世界和审美内涵。

50 儿女冠笄各缀行·笄

己巳元日　　［宋］陆游

曾孙新长奉椒觞（shāng），儿女冠笄（jī）各缀（zhuì）行。

身作太翁垂九十，醉来堪喜亦堪伤。

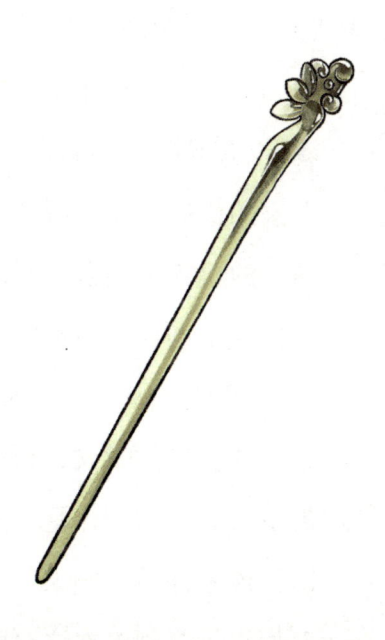

南宋诗人陆游在他的这首七言绝句《己巳元日》里，描写了他家中节日期间的欢喜景象。成年儿女与小曾孙们在元日这天排成行，向年近90岁的他奉酒道贺，一家人共享天伦之乐。只是诗人在欣喜之余，又有些对年华流逝的感伤。其中，冠、笄分别是成年儿子、女儿的代称。

笄，古代用以装饰头发的一种簪子，用来固定住挽起的头发，或插住帽子。从周代起，女子年满十五岁便可以盘发插笄，以示成人，可以许嫁，谓之"及笄"。行笄礼就是由一个妇人给及龄女子梳一个发髻，插上一支笄，礼后再取下。女子行笄礼最迟不能超过二十岁。因此，陆游才用笄来指代向他拜寿的成年女儿。

不同阶层佩戴的笄，材质也不同。根据《仪礼》的规定，士大夫可以用象牙制作而成的笄，也就是"象笄"。而一般贫苦百姓人家的妇女，平日只能戴用荆条随意磨成的笄，也就是"荆笄"。因而在古代，"荆笄"也是贫苦人家的代称。而小康之家，日常则佩戴用桑木制作的桑笄。陆游这样的士大夫阶层，在元日这种隆重场合，佩戴的应该是象笄。

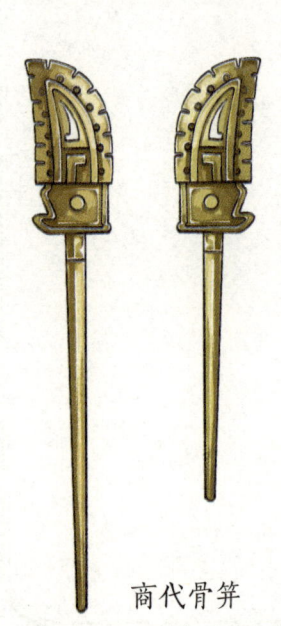

同时，按照古代礼制的规定，古时候的妇人在服丧的时候，根据丧服的不同，需要佩戴的笄也有所不同。如果是穿规格最高、表达最深哀痛的"斩衰"，则服丧者不能佩戴笄；而如果是穿规格次之、代表哀痛程度仅次于"斩

商代骨笄

六
配　饰

衰"的"齐衰",则要在丧期内佩戴骨笄。此外,骨笄象珥,也就是用兽骨制作的笄和用象牙制作的耳环,在先秦时也是贵族女子出嫁、受封时所佩戴的饰品。除了骨笄,还有榛木所制的榛笄、栉（zhì）木所制的栉笄、筱（xiǎo）竹所制的箭笄,也都是礼制规定服丧期间妇女所佩戴的笄。而在祭祀神鬼、山川的吉礼中,贵族妇女则要佩戴用玉、象牙制作的吉笄。

笄在使用的过程中,不可避免地会有所磨损,笄尖也就插不住头发或帽子了。这时候,就要像磨刀一样将其磨尖,称作"磨笄"或者"摩笄"。战国时期,赵王赵襄子的姐姐是代国的王后。赵王想要兼并、吞灭代国,于是假意宴请代王,然后在宴会上刺杀了代王。代王后听说了这个消息,悲愤地磨尖了笄,刺颈自杀了。从此,"磨笄"这个典故也被用来形容殉节的义举。

51 浑欲不胜簪·簪

春 望　　［唐］杜甫

国破山河在，城春草木深。

感时花溅泪，恨别鸟惊心。

烽火连三月，家书抵万金。

白头搔更短，浑欲不胜簪。

六 配饰

在这首五言律诗《春望》里，唐代大诗人杜甫以写实、质朴而雄健有力的笔触，描写了安史之乱后山河破碎的景象，表达了他忧国忧时、骨肉分离的万般痛楚。国家破败，然而春日草木生长，山河景色依旧不改。在诗人眼中，连花、鸟都为这乱世而流泪。战火持续了几个月，家人离散，一封家书比万两黄金都珍贵。诗人痛苦、忧虑到了极点，既因自己和家人天各一方的遭遇，也因国家风雨飘摇的命运。这种忧愤的情绪使得诗人早已斑白的头发越来越稀疏，以至于连簪子都插不上去了。

簪是古时候男女通用的一种发饰，由笄发展而来，指的是用来绾定发髻或冠的长针。簪是中国古代最基础的固定和装饰发型的工具，造型为单股。在古代，无论男女，都用簪来固定发冠。不过，有时候簪也可以用来搔头。汉武帝时期的李夫人，就取玉簪搔头，此后宫人搔头皆用玉簪。

簪不仅能够装饰头发，而且有很多别的用途。汉朝有"簪白笔"制度，"白笔"即未蘸过墨的新笔，以新笔作簪，所以取名"簪白笔"。汉朝的官员为奏事之便，将笔杆末端削尖，插在头发里，以备随时取用。山东沂南东汉画像石墓前室壁上刻有祭祀图，图上的持笏祭祀者，有的冠上簪有一支毛笔。这是汉代簪白笔的实例。此外，近年来发掘的汉代海昏侯墓中出土了玉簪笔，不知是否

与"簪白笔"有关。

金元时期有耳挖簪,即用簪作耳挖。明代还出现气通簪,气通簪中空有孔,插于髻中,可使空气流入发际。

簪在古时候还有着丰富的文化内涵。古人讲究"身体发肤受之父母",因而都要蓄发,长长的头发必须用簪子加以固定。哪怕是愁苦到头发斑白、稀疏的杜甫,都要努力地簪上簪子。

簪是古人时时刻刻不离身之物,因而也被寄托了某些感情和寓意。传说,孔子当年与弟子游历诸国时,路过少源这个地方的郊野时,听到有妇女在十分悲伤地哭泣。于是,孔子就让弟子上前问:"夫人,您为什么如此悲伤呢?"妇人回答:"我在乡下割蓍(shī)草时,把蓍草簪子弄丢了,所以才如此难过。"蓍草是一种常见的野草。弟子更加疑惑了,又问:"既然是要割蓍草,那弄丢了蓍草簪子又有什么好难过的呢?"妇人回答道:"唉,我不是舍不得一支簪子,只是割舍不下一直用着的旧东西啊!"因此,"蓍簪"这个典故也被用来表达不忘故人、旧物。

52 玉钗落处无声腻·钗

美人梳头歌（节选） ［唐］李贺

西施晓梦绡帐寒，香鬟堕髻半沉檀。

辘轳咿哑转鸣玉，惊起芙蓉睡新足。

双鸾开镜秋水光，解鬟临镜立象床。

一编香丝云撒地，**玉钗落处无声腻**。

纤手却盘老鸦色，翠滑宝钗簪不得。

在这首诗里，诗人李贺用曲折、细腻而不失流畅的铺叙笔法，描写了一位美人梳妆打扮的情景。这位美人有着一头散发着香气的秀发，她头上插着的发钗，无声而丝滑地滑落，更显得她的头发像油脂一样光滑、润泽。

李贺这首诗中美人头上插的钗，是古代汉族女性比较常用的一种首饰。一般情况下，它的一端是由珠翠和金银制成的花朵或其他造型的发钿，有些还坠有流苏吊坠；另一端是双股或多股的长针，用来固定发髻。

古时候，钗可以作为寄情信物。那时，恋人或夫妻之间有一种赠别的习俗：女子将头上的钗一分为二，一半赠给对方，一半自留，待到他日重见再合在一起。比如，白居易就在《长恨歌》中描写过这种情况。唐玄宗和杨贵妃分别多年后，已位列仙人的杨玉环在面对唐玄宗派来寻找自己的道士时，拔下自己头上的金钗，将其作为两人之后再次见面的信物，一分为二，一半给了道士，让其转交唐玄宗，一半自己留着。在七夕夜两人重逢时，这个金钗会再次合二为一。

不仅如此，在传说中，钗还能幻化成其他形象。传说，汉武帝当政期间，曾经在自己居住的宫里建造了一

镂空缠枝凤凰瑞鸟纹银花钗钗头

(六) 配 饰

座招灵阁，没想到一位神女看到之后就来此现身，并且给汉武帝留下了一枚玉钗。汉武帝将这支神女留下的玉钗赏赐给了赵婕妤。到了汉昭帝当政时期，宫人发现了这枚玉钗，顿时起了贪心，合谋将玉钗打碎，分别占有。没想到第二天，他们再看到这枚玉钗时，这枚玉钗竟然在光天化日之下化为一只白色的燕子飞走了，从此再无影踪。

西安韩森寨唐墓出土的
金镶宝凤钗钗首

自此以后，玉钗常常被做成燕子的形状，主要是取其吉祥的寓意。古时候，人们常常以龙、虎、象等兽类象征男子，以飞禽来象征女子。因此，除了花朵之外，女子所佩戴的钗也常常做成飞禽百鸟的形状，例如燕钗、雁钗、凤凰钗、凤头钗、鹓钗、玉鸦钗、鸾钗、鸳钗、雀钗等。此外，还有做成鱼形的鱼钗和龙形的蟠龙钗。有趣的是，不仅钗的形状取自自然界或传说中的动植物，而且许多动植物因为与钗外形相似，而以钗为名。比如，鬼针草又叫"鬼钗"，松叶也叫"松钗"，这些比喻贴近自然且风雅无比。

不仅如此，古人还常常将形体圆润、秀丽而筋骨遒劲有力的书法笔画形容为"古钗脚"。秦朝的李斯和唐朝的李阳冰就是这种书法的代表人物。另外，还有一种书法篆体称为"钗股篆"。用钗脚来形容书法的笔画，倒真是十分贴切又别出心裁。

53 拢鬓步摇青玉碾·步摇

蝶恋花　　［宋］谢逸

豆蔻梢头春色浅。新试纱衣，拂袖东风软。红日三竿帘幕卷，画楼影里双飞燕。**拢鬓步摇青玉碾**。缺样花枝，叶叶蜂儿颤。独倚阑干凝望远，一川烟草平如剪。

(六) 配饰

宋代词人谢逸在这首词中描写了一个美丽少女的形象。正值豆蔻年华的她，穿着轻薄、飘逸的纱衣。柔缓的东风吹动着衣袖，让她的身影显得非常轻盈、可爱。少女头上的饰品也十分别致：一支用青玉细磨而成的步摇，被做成新颖的花枝形状，花叶上还雕刻了一只栩栩如生的蜜蜂。步摇随着少女的动作摇摇晃晃，那蜜蜂仿佛也在不停地颤动……

看到这里，你一定会对词中的"步摇"产生强烈的好奇心。下面，就让我们来认识这种配饰吧。

步摇是汉族女性常用的一种首饰，由簪、钗发展而来，因其行步则动摇而得名。步摇通常由黄金制作而成，钗头屈曲成龙、凤等形状，再缀以珠玉。

在汉朝，步摇是宫中女子的重要首饰，只有长公主和皇后才能佩戴，可见步摇曾是一种高级饰品，是身份地位的象征。汉朝之后，步摇逐渐传入民间，并开始广为流传。在贵族女性中，还曾经盛行过步摇冠。这种步摇冠戴在头上比步摇更有富贵、豪华之感。南北朝时期是金步摇发展的黄金期。当时，步摇是贵族男子和女子都会佩戴的首饰，也是地位的象征。六朝之后，步摇的花式越来越多，有鸟兽、花枝等，与钗钿相衬，簪于发上；材料主要有金、银、玉、玛瑙等。

除了汉族，部分少数民族也有佩戴步摇的习俗。鲜卑族的步摇主要是由步摇叶片组成的，鲜卑族人对步摇非常痴迷。在《晋书·慕容廆（wěi）传》中，就有这样的记载。三国时期，鲜卑族一部落首领莫护跋率领族人随同司马懿征战，立下战功，被封为率义王，建立了国家。莫护跋非常倾慕汉文化，尤其是汉人的步摇，他特别喜欢，就派人做了一个，日日佩戴。因为他对步摇的喜爱，所以人们都直接叫他"步摇"。在古鲜卑语之中，"步摇"和"慕容"两词相近，久而久之，慕容就成了其家族的名称。

到了唐代，步摇的形制已经发生很大的变化。唐朝贵族喜欢的步摇是用金玉做成螺旋式的枝条，然后在其顶端垂下珠玉。这样的垂珠簪钗，成为步摇的新样式。《长恨歌》中，杨贵妃佩戴的很有可能就是这种样式的步摇。到了宋元时期，步摇的形制仍沿袭汉代步摇与唐代步摇的形制。

到了明清时期，步摇已经很少见了，但并不是消失了，而是换了名字。如《红楼梦》中王熙凤的"朝阳五凤挂珠钗"，其实就是凤形步摇钗，也就是《长恨歌》里杨贵妃所佩戴的唐式步摇。

54 红罗抹额坐红鞍·抹额

次徐相公韵十首·出塞

[宋]释行海

红罗抹额坐红鞍,阵逐黄旗拨发官。

秋戍卢龙番鼓哑(shù),夜屯白马虏星寒。

铁球(qiú)步帐三军合,火箭烧营万骨乾。

兵器徒知是凶器,止戈为武帝心宽。

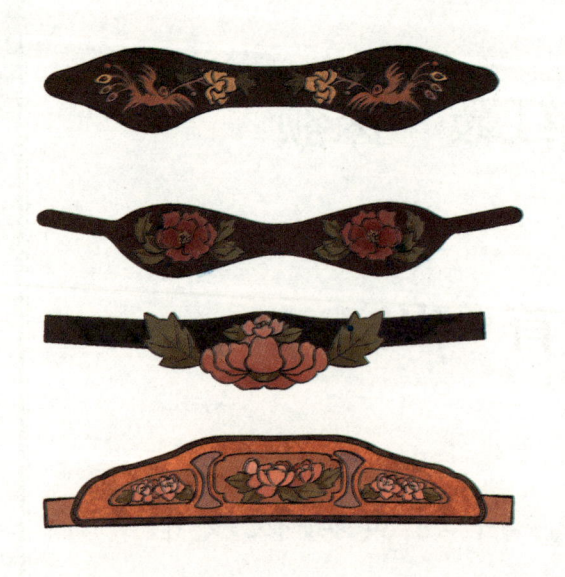

在这首七言律诗中,南宋僧人释行海极力描述了战争场面的浩大与残忍,并表达了自己对和平的渴望。在战场上,一方将领戴着鲜艳的红抹额,追逐着护卫黄色军旗的敌将,十分显眼。时值秋季,星光寒意森森,战鼓都要敲哑了。作战时,骑兵、步兵合围,火箭焚烧敌营,烧死了成千上万的士兵。诗人感慨,兵器是杀人凶器,希望能够止戈为武宽慰皇帝。

抹额是古代的一种首服,也称"额带""头箍""发箍""眉勒""脑包"等。制作方法是将布帛、织锦等折叠或裁制成条状,同时加上刺绣或珠玉。抹额多为女子所用,种类繁多,艳丽多姿。有种观点认为,抹额最早出现在商周时期,但"抹额"一词在唐朝才出现,这类首服在明清时期开始流行。

不过值得注意的是,抹额最初是男子专用的首服。据史料记载,早在大禹时期就有人将抹额作为军戎服饰。而到了秦汉时期,军将武士及卤簿仪卫都将抹额作为额饰。当然,这并非为了装饰,而是将其作为部队的标志,以便军事管理。不同的部队,抹额的颜色是不同的。在这首诗中,骑马冲锋的将领佩戴鲜艳的红色抹额,正是为了向友军表明身份,以免被误伤。

六 配饰

发展到汉魏时期，男子开始在冬季将布帛裁成长条，里面絮棉，系扎在额间，用来保护头部不受寒风侵袭。这种头饰在汉朝时被称为"冒絮"或者"陌额絮"，在晋朝时又被称为"絮巾"。

明代时，抹额开始为妇女所用。一开始，女子用的是额帕，以棕丝制成，结成网状，罩住头发；后来用布帛制作，冬季用乌绫，夏季则用乌纱。明朝末期，额帕多用两幅，每幅长一尺左右，斜折成宽一寸左右的条状，一幅戴于内，另一幅覆于外，又作方结加于外幅的正面。不过问题随之出现了，如此日日戴上、卸下，有点麻烦。因此，有些女性开始根据自己的头围剪裁，夹衬较厚的锦帛，一般用乌绒、乌绫、乌纱等制作，称为"头箍"或"乌兜"。使用时，一戴即可，一取即脱，极为便捷。

明清时期，不仅妇女、军人有佩戴抹额的习惯，富家公子也经常在日常生活中佩戴抹额，这种配饰逐渐成为彰显财力的物品。比如，《红楼梦》就在描写贾宝玉时，说他"齐眉勒着二龙戏珠金抹额"。由此可见，抹额在这一时期非常流行。

55 臂销惟觉钏金宽·臂钏

浣溪沙　　［宋］陈允平

自别萧郎锦帐寒。凤楼日日望平安。杏花枝上露才干。　　眉皱但嫌钿翠堕，**臂销惟觉钏(chuān)金宽**。薄情杨柳䌽征鞍。

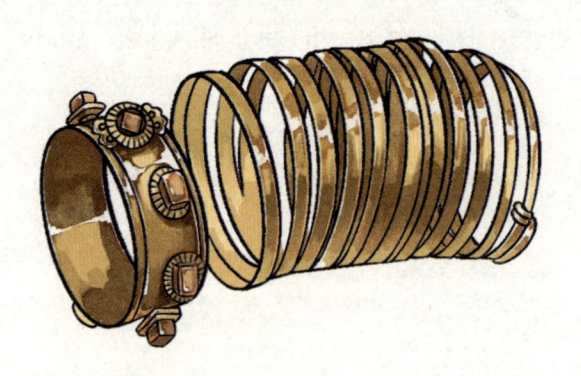

金臂钏

六 配　饰

在这首词里，南宋词人陈允平刻画了一个思念意中人的怀春女子的形象。这名女子与她的爱人相隔千里，天各一方。爱人离别之后，锦帐都变得寒冷，她在孤寂之中只能天天在高楼上眺望，祈盼心上人能够平安。在苦闷中，身边的事物也只会让她更加烦闷，就连身上穿戴的钿翠、金钏都不讨人喜欢了。

这首词中提到的"钏"，是一种古代妇女的首饰，又叫作"跳脱"。钏来源于镯，是我国的传统腕饰，多用金、银、玉等制成圆环，束于臂腕间。几个手镯合并在一起，称为"钏"。后来，人们通常将金银条锤扁，盘绕成螺旋圈状。

臂钏是多环的，将几个手镯按照大小佩戴在一起或者合并制作，成为一套或者一件饰品，所以又被形象地称作"缠臂金"。它可以从手腕缠到手臂，无论从什么角度看都是数道环，是古代极有特色的一件饰品。臂钏的具体形制，在历史发展中变化不大。

古时候，臂钏一般为女子尤其是大臂粗的女子所佩戴。瘦人即使喜欢，也不方便佩戴。因为如果手臂比较细，那么箍得松了就容易掉下来。丰满一些的女子手臂上的脂肪较厚且均匀，还很有弹性，臂钏可以紧紧地箍在手臂上，以彰显其健美、丰韵的曲线。在这首词里，词人之所以写女子觉得臂钏太宽，也是这个缘故：她太思念心上人，以至于身

唐朝的玉臂钏

形都清瘦了。

一开始，臂钏是少数民族的一种饰物，在北方草原地区兴起，带有浓厚的游牧文化色彩。游牧民族的人们逐水而居，居无定所，一生都在漂泊中度过，很难保存相应的家产。他们会把收入换成方便交易的金银等物品，随身携带。一部分人把钱币打成环状，购买东西的时候直接从手臂上取下，既方便携带也更容易保存。慢慢地，这就变成了一种风俗。

臂钏在盛唐和宋朝时比较流行，在明朝逐渐走向衰落，主要原因是那时对于女性的要求越来越多：女子露出手腕，会被认为是失礼；若是露出手臂，问题就更严重了。随着女子的着装越来越保守，衣袖越来越长，臂钏就不便展示了，后来它就逐渐从日常配饰中消失了。

56 绣罗裙上双鸳带·衣带

菩萨蛮　　［宋］赵彦端

绣罗裙上双鸳(yuān)带。年年长系春心在。梅子别时青。如今浑已成。　　美人书幅幅。中有连环玉。不是只催归。要情无断时。

唐代官服的玉带

在这首宋词小令里，词人赵彦端用婉转、缠绵的笔法，写出了一对男女之间难舍难分、情坚似铁的情意。女子罗裙的衣带上绣着一对鸳鸯，恰似他们两人。看似是要用衣带系住春天，实际上是要系住两人的情缘。所谓"梅子别时青"，其实是一语双关，意为"梅子别时情"。离别时，梅子还是青涩的，而如今已经成熟。女子给男子写了许多封信，信中夹着玉连环，不只是催促男子归来，更是表达两人的感情没有断绝的时候。

衣带，也就是古人服装上束衣的带子。一般来说，衣带的材质有布帛、丝绦、皮革等。而在分类上，用来束腰的叫作"腰带"，用来连接衣襟的就叫作"襟带"。古人对于衣带十分重视，《管子·弟子职》中有"夙兴夜寐，衣带必饬"之句，也就是说，无论是早上起床还是晚上休息，都必须整理好衣带。《南史·何敬容传》也记载了这样一个故事。南朝梁武帝喜欢穿旧衣服，但是严令左右侍臣的穿着必须时时刻刻保持洁净、整齐。有一次，一名侍臣的衣带卷起来了，梁武帝看见后，顿时暴怒地说道："你的衣带卷得跟条绳子一样，是想捆什么！"言下之意是，难道这个侍臣是想用这根衣带捆起自己，犯上作乱吗？从这个故事中，我们也可以看出古人对衣带的重视。

我国历史上，还有很多有关衣带的有趣故事。古代志怪小说《汉武帝洞冥记》记载，汉武帝十分宠爱一个叫"丽娟"的妃嫔，而丽娟的身体十分纤瘦、柔弱，于是汉武帝就用衣带系住她的袖子，再将她藏在帷幕后面，防止她被风吹走。

衣带还有一重意味，存在于诡谲（jué）的政治斗争里。古人衣

（六）配 饰

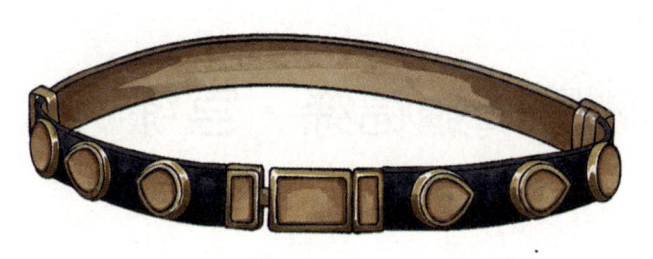

犀带

带较宽，里面可以放东西。古代有"衣带诏"的说法，也就是藏在衣带里的诏书。衣带诏的存在，大抵是因为皇帝被奸人、权臣所架空、支配时受到监视，只能用这种私密的形式向忠心的臣子传递信息。例如东汉末年，汉献帝就曾给他的舅舅——车骑将军董承衣带诏，谋划诛杀曹操，以摆脱曹操对其的控制。

成语"一衣带水"，原指像衣带那样窄的河流，后用来形容虽有一水相隔，但水面窄得像一条衣带，泛指地域相近。这个成语来源于隋文帝杨坚。当时，中国尚处于南北朝的分裂状态，北方隋朝和南方陈朝以长江为分界。隋朝势力强盛，而南陈国力衰微。隋文帝说："我怎么能够因这像衣带一样窄窄的江水，而不去救民于水火呢？"于是他挥戈南下，统一了南北。

57 不愿腰间缠锦绦·宫绦

送李公恕赴阙（节选） ［宋］苏轼

君才有如切玉刀，见之凛凛寒生毛。
愿随壮士斩蛟蜃(shèn)，**不愿腰间缠锦绦(tāo)**。
用违其才志不展，坐与胥(xū)史同疲劳。
忽然眉上有黄气，吾君渐欲收英髦(máo)。

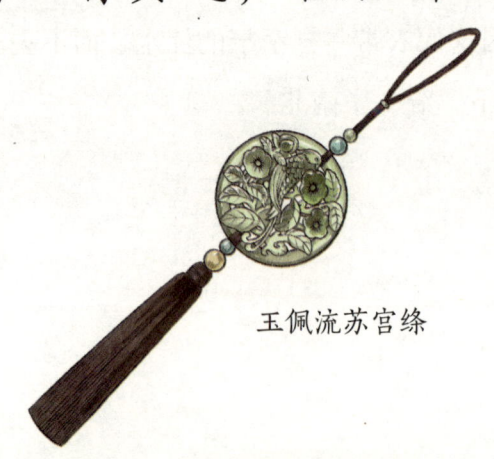

玉佩流苏宫绦

六 配 饰

　　苏轼的友人李公恕要进京朝见皇帝，苏轼在这首诗里表达了自己对友人的赞美和祝愿，并借机抒发了自己的心绪。诗人只愿和相知相惜的友人一起一展豪情，建功立业，并不追求腰缠锦绦、官运亨通。可惜，世间嫉贤妒能的奸佞小人实在太多，容不下自己，因此诗人也只能寄希望于买田置地，归隐田园。

　　锦绦，就是锦丝制成的宫绦。宫绦是古代特有的一种装饰物，需系在腰间佩戴。宫绦的中间是丝带编成的绳子，这根绳子的两端系着各种各样用于装饰的重物，如绳结、玉佩、贵金属饰品、兽骨兽角饰品、木雕件等。宫绦的尾端搭配有流苏。在穿戴者静止不动时，流苏随着装饰的重物自然垂下；而当穿戴者行走时，流苏便翩翩摆动或者散开，煞是好看、多变。

　　之所以叫"宫绦"这个名字，是因为在最开始的时候，它是皇宫大内特制的，供皇帝、皇后、嫔妃穿戴或者用来赏赐臣子。能够受到皇帝赏赐，腰缠宫绦，是大臣深受皇帝信任的标志，因此，苏轼在这首诗里也用"腰间缠锦绦"来指代官运亨通。后来，由于宫中的宫绦样式多变、精巧，十分好看，民间也开始仿制宫中的样式来制作、穿戴这种饰品。

　　曹雪芹在《红楼梦》里就安排了多位贵族小姐、少爷、主妇、老爷穿戴宫绦出场。比如，第三回写贾宝玉的打扮时，写了贾宝玉腰间束

汉服宫绦挂绳

着一条五彩丝攒花结长穗宫绦；第四十九回，写史湘云"腰里紧紧束着一条蝴蝶结子长穗五色宫绦"。

  从这里可以看出，当时的贵族十分流行穿戴宫绦，而且宫绦的样式是富于变化的。比如贾宝玉作为贾家集万千宠爱于一身的少爷，腰间束的是夺目的五彩丝攒花结长穗宫绦；而史湘云作为尚未出嫁的小姐，就可以选用更加艳丽、俏皮的款式，以此来衬托她少女的气质。通过这些古代文学作品中的例子，我们也可以对宫绦的样式和佩戴方式有所了解。

58 自然身挂珠璎珞·璎珞

渔家傲　　［宋］可旻(mín)

行树阴阴布七重，宝华珠网共玲珑。百千种乐俱鸣处，天雨曼陀散碧空。

彼土因何名极乐。莲华九品无三恶。虽有频伽(jiā)并白鹤。非彰灼。如来变化宣流作。　　九品一生离五浊。**自然身挂珠璎珞**(yīng luò)。宛转白毫生额角。长辉烁。百千业障都消却。

可旻，又称"北山法师""北山讲僧"，是宋朝的僧人、词人。在这首词里，他阐述了自己对佛家思想的理解和领悟，还提到了一种特殊的配饰——璎珞。

璎珞并不是我国的本土饰品，它诞生于印度，是古印度佛像颈间的一种装饰物。在汉代，璎珞随着佛教传入我国，"璎珞"这个名字也是从梵语音译过来的，意思是珍珠串、宝石串等。据说，璎珞是用"七宝"做成的，但"七宝"到底有哪些，说法却并不统一，一般指金、银、琉璃、砗磲（chē qú）、玛瑙、真珠（珍珠）、玫瑰等。从材质就能看出，璎珞是非常宝贵的。在佛教中，它还有"无量光明"的寓意。

在刚刚传入中原的时候，璎珞是宗教绘画和雕塑中，佛、菩萨、天女等形象的必备饰品，充满了异域风情。到了唐代，爱美的女子喜欢上了璎珞，并在原来的形制上做了一些改进，让它变成了一种项饰，有项圈式、披挂式等样式。

项圈式璎珞，也叫"璎珞圈"，顾名思义，就是以项圈为主体，上面雕刻着各种纹饰，再加上一些简单的、比较短的坠饰。在明清时期，人们还会在璎珞圈的坠饰中搭配象征吉祥如意的长命锁、护身符等。

还记得《红楼梦》中，王熙凤

六 配饰

出场时的装扮吗？她"头上戴着金丝八宝攒珠髻，绾着朝阳五凤挂珠钗，项上戴着赤金盘螭（chī）璎珞圈"。这"赤金盘螭璎珞圈"就可以理解为纯金打造而成的、像螭（古代神话中的无角龙）一样弯曲盘绕的项圈式璎珞，看上去既华贵又别致。

那么，披挂式的璎珞又是什么样的呢？它的样式更加华丽、繁复，下部的坠饰拖得长长的，经常被古代女子当作舞蹈饰品。我们可以想象一下，伴随着女子优美的舞步，那璎珞的坠饰有节奏地来回摇摆，让舞者更显曼妙多姿。

随着时代的发展，人们的服装越来越简洁，饰品也是如此。如今在日常生活中，我们很少能见到繁复、华丽的璎珞，只能去影视作品、舞蹈节目中寻找它的身影，欣赏它的美丽了。

59 玉佩玎珰风缥缈·玉佩

贺新郎 吉席　［宋］辛弃疾

瑞气笼清晓。卷珠帘、次第笙歌，一时齐奏。无限神仙离蓬岛。凤驾鸾（luán）车初到。见拥个、仙娥窈窕。玉佩玎（dīng）珰风缥缈。望娇姿、一似垂杨袅（niǎo）。天上有，世间少。　　刘郎正是当年少。更那堪、天教付与，最多才貌。玉树琼枝相映耀。谁与

（六）配　饰

安排忕(tuī)好。有多少、风流欢笑。直待来春成名了。马如龙、绿绶(shòu)欺芳草。同富贵，又偕老。

在这首宋词长调《贺新郎》中，宋代词人辛弃疾匠心独运地描写了一场仙境宴会的盛大场面：笙歌齐奏，无数车驾来来往往，仙人依次入座，衣香鬓影伴随着客人们玉佩撞击的叮当声。真是世间罕有的盛景啊！

玉佩，就是人们随身佩戴的玉石装饰品。在古代，人们佩戴玉佩时，一般是悬挂或者系在衣带上。古人佩戴玉石的历史非常悠久。

早在新石器时代，上古先民就开始用玉来装饰、祭祀了。实际上，玉器正是脱胎于人们日常使用的石器。

玉器脱离实用功能之后，便不再用于人们的日常劳动了。根据现代考古的出土文物来看，从上古以来，玉佩一直都是玉器中的主流品种。一方面，人们所能采掘到的玉石，很多大小正好适合制作玉佩；另一方面，古代人的加工技艺比较适合制作玉佩这种小型的玉器。玉佩可以用作装饰和表明身份，而它更为重要的功能，则是祭祀功能。玉石有通透的质地，上古先民由此联想并赋予玉"通灵"的特性。也就是说，上古先民认为，以玉器为中介，能够沟通天地、鬼神，在人神之间传递信息，由此进行巫术祭祀活动。

西周以后，玉佩的装饰功能取代祭祀功能而成为主要功能。这与周人对"德"的重视息息相关。古人赋予玉丰富的文化内涵。他们认为，玉有着种种美德，而君子佩戴玉，能够增强自身的德行。古人云："玉之美，有如君子之德。"而《诗经·秦风·小戎》中也有这样的诗句："言念君子，温其如玉。"而玉的美德，具体来说，即"温润而泽，有似于智；锐而不害，有似于仁；抑而不挠，有似于义；有瑕于内，必见于外，有似于信；垂之如坠，有似于礼"。这恰好与儒家要求君子具备的美德——智、仁、义、信、礼，一一对应。

(六) 配　饰

　　正是因为在儒家文化中，玉石的特点与君子的德行相对应，古代男子才多佩玉。古人在佩戴玉佩的时候，按规定要佩戴左右两组。一组称为"一佩"，而每一佩又由几枚单独的玉组成。最上面的一块玉称为"珩（héng）"，形如角菱或残环，上端有一个用来穿带的孔；珩的两端各悬着一枚半圆形的玉，称为"璜"；中间有两片玉，叫作"瑀（yǔ）"和"琚（jū）"；两璜之间又有一枚玉，叫作"冲牙"。人行走时，两璜与冲牙相互撞击，叮当作响。古人认为，这有提醒人举止庄重的意思。

60 绣屏珠箔绮香囊·香囊

临江仙　离怀　　［宋］王观

别岸相逢何草草，扁舟两岸垂杨。绣屏珠箔(bó)绮香囊(náng)。酒深歌拍缓，愁入翠眉长。　　燕子归来人去也，此时无奈昏黄。桃花应是我心肠。不禁微雨，流泪湿红妆。

六
配 饰

在这首词里,北宋词人王观描写了痴人怨偶匆忙离别、依依不舍的凄婉画面。两岸的垂杨系不住离去的扁舟。自此一别,山长水远,两人天各一方,再难相见,只有互赠的香囊能作为彼此的念想。别宴上,饮酒越来越多,离歌的拍子也越来越慢,女子的翠眉都泛起了愁色。燕子归来了,而意中人却要在微雨中离去。只有桃花能明白她的心绪。

香囊是古代的一种饰品,也叫作"香袋""花囊""容臭"等。香囊通常用丝绸布帛制作,先用彩色丝线在彩绸上绣制出各种富有文化寓意的图案、纹饰,然后将彩绸缝制成小囊袋,最后往其中装入各种中草药或者香料。

香囊在古代十分流行。《礼记》记载:"男女未冠笄者……衿缨,皆佩容臭。"这说明,至少在汉代《礼记》成书时,未成年的男女都是佩戴香囊的。正因为香囊如此流行,词人才会在这首词中,描写男女通过互赠随身的香囊来留念。

香囊中盛放的,是能够提神醒脑、消暑辟邪、吸汗、防蚊虫的各种中草药,或者各种香料。比较常见的中草药有白芷(zhǐ)、川芎(xiōng)、芩(qín)草、排草、山柰(nài)、甘松、高本行、艾草等。有的香囊也用蚌粉、铜钱、雄黄粉、

唐代葡萄花鸟纹银香囊

符纸等装填。唐代还流行一种金属香囊，常常做成镂空的球体，上下两部分可以开合，使用时在里面装入香料，通过焚烧就能产生怡人的香气。这种香囊外部一般装有链钩，可以随身挂配；内部则采用十分巧妙的设计，保证在香囊转动时，盛放香料的金盂始终保持水平，香料、香灰不会洒落在外。可以说，香囊既具有装饰功能，也具有养生、祈福等功能。

古代文人、士大夫阶层将配置香料、制作香囊视为风雅之事。无论是配置香囊还是调制熏香，都十分讲究。这其中有"君臣佐使"的说法：香料要分主次，配比得宜，不能颠倒比例和次序。很多时候，还要对香料进行特殊炮制。制作出来的成香的香气，有时是模仿某种植物的气味，如桂花、蜡梅等；有时则显示出某种人为的意境。正因为制香如此复杂，既需要较好的文化修养、审美趣味，也需要丰富的知识，还需要细致的操作以及闲情逸致，所以才受到文人、士大夫的喜爱。

我国古代重要的香学著作《香乘》就记载了一种"荀令十里香"："丁香半两多，檀香一两，甘松一两，零陵香一两，生龙脑少许，茴香五分略炒。右为末，薄纸贴，纱囊盛佩之。"又有歌曰："甘松灵陵檀一两，更有丁香半两强，半两盐茴微炒黄，龙脑少许十里香。""十

六 配 饰

里香"的意思是，这种香能香飘十里。

荀令，即汉末三国时期的名臣荀彧（yù），因为他担任过尚书令，所以又被称为"荀令君"。《襄阳记》记载了一个"荀令香"的典故。刘季和生性爱香，即使上厕所也要备个香炉，从香炉上走过去。主簿张坦嘲笑他时，他便举出荀彧为例，说荀令君满身都是香气，去别人家做客后，他的坐处余香三日不散。